LES COULISSES DU MONDE.

L'HÉRITAGE

D'UNE

CENTENAIRE

PAR

LE VICOMTE PONSON DU TERRAIL,

Auteur de la Baronne trépassée, etc., etc.

1

PARIS,

BAUDRY, LIBRAIRE-ÉDITEUR

De Paul de Kock, Alphonse Karr, Léon Gozlan, Mme la comtesse Dash, Dumas, Emm. Gonzalès, Mme Camille Bodin, Théophile Gautier, Méry, etc., etc.

32, RUE COQUILLIÈRE, 32.

LES COULISSES DU MONDE.

L'HÉRITAGE
D'UNE
CENTENAIRE.

EN VENTE CHEZ BAUDRY, ÉDITEUR.

LES VIVEURS DE PARIS, par X. de Montépin..........	7 vol. in-8.
ANDRÉ CHÉNIER, par Méry,........................	3 vol. in-8.
GENEVIÈVE GALLIOT, par X. de Montépin............	2 vol. in-8.
SALONS ET SOUTERRAINS DE PARIS, par Méry........	3 vol. in-8.
LE VENGEUR DU MARI, par Emmanuel Gonzalès.......	3 vol. in-8.
GEORGES LE MONTAGNARD, par de Bazancourt........	5 vol. in-8.
LES AMOURS DE BUSSY-RABUTIN, par Madame Dash....	4 vol. in-8.
ESAÜ LE LÉPREUX, par Emmanuel Gonzalès............	5 vol. in-8.
LA MARQUISE SANGLANTE, par Madame Dash..........	3 vol. in-8.
TAQUINET LE BOSSU, par Paul de Kock.................	2 vol. in-8.
LA FAMILLE ALAIN, par Alphonse Karr................	3 vol. in-8.
L'AMOUR QUI PASSE ET L'AMOUR QUI VIENT, par Paul de Kock..................................	2 vol. in-8.
LA MAISON DOMBEY PÈRE ET FILS, par Charles Dickens, traduit par Benjamin Laroche.....................	2 vol. in-8.
DEUX FEMMES ou l'Égoïste et le Dissipateur, par L. de Constant..	2 vol. in-8.
LE CHATEAU DE MONTBRUN, par Élie Berthet........	3 vol. in-8.
SCÈNES DE LA VIE RUSSE, par un conseiller d'État.....	4 vol. in-8.
CÉSAR BIROTTEAU, par Balzac......................	2 vol. in-8.
SORTIR D'UN RÊVE, par Eugène de Mirecourt..........	2 vol. in-8.
L'AMOUREUX TRANSI, par Paul de Kock..............	4 vol. in-8.
UNE TÉNÉBREUSE AFFAIRE, par Balzac...............	3 vol. in-8.
LE DUC D'ENGHIEN, par Marco de Saint-Hilaire........	4 vol. in-8.
LES HABITATIONS NAPOLÉONIENNES, par le même....	1 vol. in-8.
SATANSTOÉ, ou la FAMILLE LITTLEPAGE, par Cooper.......	2 vol. in-8.
LES JUMEAUX DE LA RÉOLE, par André Delrieu, auteur de la Vie d'Artiste...............................	2 vol. in-8.
DETTE DE JEU, par P.-L. Bibliophile Jacob.............	2 vol. in-8.
L'AMANT DE LA LUNE, par Paul de Kock.............	10 vol. in-8.
D'ARTAGNAN, CAPITAINE DES MOUSQUETAIRES.	2 vol. in-8.
ALICE DE LOSTANGE, par Madame Camille Bodin.......	2 vol. in-8.
LE GARDE D'HONNEUR, par Roger de Beauvoir........	2 vol. in-8.
L'HOTEL PIMODAN, par le même....................	4 vol. in-8
LES BOURGEOIS DE PARIS, par Amédée de Bast.......	2 vol. in-8.
LA COMTESSE DE BRENNES, par Léon Gozlan..........	3 vol. in-8.
LES DEUX FAVORITES, roman historique du temps de Duguesclin, par Emmanuel GONZALÈS................	3 vol. in-8.
LA TULIPE NOIRE, par Alexandre Dumas père..........	3 vol. in-8.
JEAN ET JEANNETTE, par Théophile Gautier...........	2 vol. in-8.
FRANCINE DE PLAINVILLE, par Madame Camille Bodin..	3 vol. in-8.
DIANE DE LYS ET GRANGETTE, par Alexandre Dumas..	3 vol. in-8.

LES COULISSES DU MONDE.

L'HÉRITAGE

D'UNE

CENTENAIRE

PAR

LE VICOMTE PONSON DU TERRAIL,

Auteur de la Baronne trépassée, etc., etc.

1

PARIS,

BAUDRY, LIBRAIRE-ÉDITEUR

De Paul de Kock, Alphonse Karr, Léon Gozlan, Mme la comtesse Dash, Dumas, Emm. Gonzalès, Mme Camille Bodin, Théophile Gautier, Méry, etc., etc.

32, RUE COQUILLIÈRE, 32.

Paris, Imp. de Paul Dupont,
rue de Grenelle-St-Honoré, 45.

Prologue.

I.

Nous sommes aux dernières limites occidentales du vieux continent, — sur les grèves de cette noble et pauvre contrée qui s'est appelée tour-à-tour Armorique et Bretagne.

Entre Brest et Quimper, la mer est bordée d'une lande aride; à la lèvre de cette lande et sur une falaise à pic, reste debout une construction féodale, d'apparence morne et lugubre comme le siècle qui l'enfanta. Un roc lui sert de base, un sentier tortueux et inégal y conduit; son beffroi est lézardé, et le lichen parasite soutient presque seul ces vieux murs sur lesquels pèse, implacable, le genou du temps.

Un soir de septembre de l'année 1820, vers dix heures à peu près, deux hommes, l'un à cheval, l'autre à pied, gravissaient avec peine l'étroit sentier qui conduit de la lande au roc sur lequel s'élève ce château. La nuit était tourmentée, la pluie tombait par torrents, le vent avait de rauques sanglots, la foudre de sinistres lueurs, — la mer déferlait... — C'était un de ces temps affreux par lesquels, — qu'on nous pardonne la vulgaire mais énergique expression, — on n'oserait mettre le Diable à la porte. L'obscurité était si grande que, malgré sa masse imposante, le château demeurait invisible pour les deux voyageurs, qui n'apercevaient devant eux que trois ou quatre lumières vacillant aux fenêtres du vieux manoir. Le cavalier priait Dieu ; le piéton marchait d'un pas alerte malgré la fange et les cailloux, fumant une grosse pipe à tuyau de jonc ; et tous deux cheminaient silencieusement dans la nuit et comme n'osant mêler leur voix aux voix de la nature en courroux, lorsqu'un chant grêle et bizarrement rhythmé leur arriva entre deux rafales et saisit l'un d'étonnement et l'autre de terreur.

C'était le premier couplet de l'une de ces complaintes populaires et historiques qui ont cours dans la vieille Armorique depuis huit ou neuf siècles, et disent les malheurs du duc Arthur de Bretagne, les douleurs de son peuple et son secret espoir de le revoir un jour. Voici la traduction presque mot à mot de cette légende bas-bretonne :

> L'enfant était de haut lignage,
> Il avait un riche héritage,
> Il portait un noble écusson ;
> Mais il avait pour entourage
> Des hommes au cœur de démon,
> Qui le devaient, par trahison,
> Livrer à cet oncle félon,
> Qui convoitait son apanage !

— Mon ami, dit le cavalier au piéton en arrêtant brusquement sa monture et secouant son manteau, — qu'est-ce que ce chant et d'où vient-il ?

— Il vient du château, monsieur le recteur.

— Du château où se meurt à cette heure une pauvre femme? s'écria le bon prêtre indigné, — car c'en était un qui accourait parler de Dieu et de sa miséricorde à ceux qui bientôt paraîtraient devant lui.

— Ne vous fâchez pas, monsieur le recteur, — c'est la chanson de Jean Pelao, le sorcier.

— Que me parlez-vous de sorcier? fit le recteur.

Son compagnon n'eut pas le temps de répondre. Un éclair déchira la voûte du ciel, et à sa lueur splendide, le prêtre aperçut avec effroi la masse imposante du château, et sur l'étroite corniche des toitures un être bizarre doué de grands bras et de longues jambes, qui gambadait avec une légèreté toute fantastique, sans prendre garde à l'abîme au-dessus duquel ils se balançait, et répétant insoucieux le refrain de l'étrange chanson dont nous venons de citer un fragment.

— Le voyez-vous? s'écria le piéton, le voyez-vous? c'est le sorcier.

Et involontairement le paysan breton, c'en était un, fit un signe de croix et ajouta :

— Pour sûr, notre bonne maîtresse *passera* cette nuit ou demain ; car toutes les fois que le sorcier danse sur les toits et chante le *duc Arthur*, c'est signe de mort à Kerbrie. L'an dernier, *pour ce temps-ci*, le père à Yaume le bouvier était à la mort ; Jean Pelao monta sur le toit et chanta sa chanson : dans la nuit le père de Yaume mourut... L'année d'avant, c'était la petite Madeleine...

— Qu'est-ce que ce Jean Pelao? demanda le recteur en interrompant avec une certaine brusquerie la verve mémorative du valet de ferme Yvon.

— C'est un sorcier.

— Ce n'est point ce que je vous demande. Que fait-il au château ?

— Rien, c'est-à-dire, il reste des heures et des jours entiers avec madame la baronne, et puis il lui dit que son fils reviendra.

— Mais ne remplit-il aucun office ?

— Non, il est trop vieux.

— Quel âge a-t-il ?

— On ne sait pas. Il n'a pas d'âge ; il a toujours été vieux.

— Depuis quand est-il au château ?

— Depuis que monsieur le baron a été tué par les bleus, — pour la *bonne cause.*

Le cheval s'arrêta ; ils étaient arrivés à la porte du château. Yvon souleva le marteau, la porte s'ouvrit et le prêtre entra.

II.

Une heure avant l'arrivée du recteur, les serviteurs de Kerbrie étaient réunis dans une salle basse du château, autour d'un grand feu sur lequel cuisaient les traditionnelles galettes de blé noir connues en Bretagne sous le nom de *grous*.

Ils étaient bien une vingtaine si l'on comptait les pâtres et les dindonniers; mais nous nous bornerons à esquisser sommairement les types de ceux qui sont destinés à remplir dans notre histoire un rôle moins secondaire que celui de comparse.

En Bretagne, où quelques-unes des traditions féodales ont survécu à la puissance aristocratique, la hiérarchie de rang est encore observée, même parmi les serviteurs. Ainsi, dans les cuisines du château de Kerbrie, les plus importants par les fonctions et l'âge, occupaient les coins de l'âtre et s'asseyaient sur des escabeaux cannés, tandis que les autres se contentaient d'un banc et même d'un simple billot formé d'un tronc d'arbre.

Au nombre des premiers figurait d'abord l'intendant, maître Karnieuc, Breton greffé sur Normand, sorte de gros homme ventru à la face bourgeonnée, moitié réjouie, moitié cauteleuse.

Puis Yaume Perrussin, colosse au nez épaté, au regard stupide, fumant, de l'aube au crépuscule et du crépuscule à l'aube, dans une de ces pipes d'un noir d'ébène que l'absence totale de tuyau a fait surnommer brûle-gueule.

Perrussin remplissait les fonctions de sommelier et s'en acquittait au profit de sa mine trognonnante : il était ivre la moitié de sa vie.

Ensuite une vieille femme osseuse, ridée, Jeannon Maclou, la cuisinière douairière.

Près d'elle, un jeune homme de dix-huit ans environ, à la physionomie intelligente et mélancolique, à l'œil expressif et triste, Bernard Pealo, le garde-chasse.

A côté de celui-ci, un gros rustre à l'air honnête et bon, Pornic le pâtre, avec lequel nous ferons plus tard une plus ample connaissance.

Quand les grous furent cuits, on descendit l'immense chaudron qui pendait à la crémaillère, — mais presque tous les convives de ce grossier festin hochèrent tristement la tête et refusèrent de puiser leur part; — à l'exception toutefois de l'intendant Karnieuc, qui se servit copieusement en disant :

— La tristesse, c'est des bêtises !

Et de Claude Yaume Perrussin, qui fit comme Karnieuc et approuva de la tête, — ayant l'habitude d'appuyer l'intendant et de l'imiter en tout.

— Ah ben moi, j'ons pas faim ! s'écria la vieille Jeannon, car la mort cogne à l'huis à c'te heure.

— Bah ! fit Perrussin philosophiquement, c'est pas sûr.

— C'est si sûr, notre Vierge sainte ! reprit Jeannon, que Médor et Pluton hurlent dans la cour... Notre bonne maîtresse s'en va.

— C'est vrai tout de même qu'all'a cent ans au jour d'aujourd'hui... hasarda le pâtre.

— Et qu'all'vient d'envoyer quérir le nouveau recteur de Notre-Dame-sous-Bois pour se confesser, — continua Jeannon.

— Et même, ajouta maître Karnieuc d'un ton capable, monsieur Kerkarakadec, le notaire de Quimper, à preuve que c'est Bachelet le Normand qu'est parti; car, voyez-vous, les gars, c'est pas le tout de se confesser avant de filer son nœud, faut encore faire son testament, et laisser à chacun ce qui lui revient en légitime.

— Et à qui donc qu'elle laissera quelque chose ? demanda Jeannon avec feu.

— D'abord, la vieille, à nous... ensuite à ses parents, si elle en a...

— Et son fils donc ! s'écria la cusinière

octogénaire, qu'est-ce qui lui restera, à lui ?... c'est-y pas le maître ?

— Ah ! ben oui ! grommela Karnieuc, et où donc qu'il est son fils ? Il y a beaux jours qu'il a *passé*. A preuve que s'il vivait, il serait venu un jour ou l'autre...

— C'est possible, fit sentencieusement la vieille, mais je ne le crois pas, moi... Est-ce que Jean Pealo, qui est sorcier, ne dit pas tous les jours qu'il n'est pas mort ?

— Ça c'est vrai ! dit-on en chœur et à la ronde.

— Jean Pelao est un vieux fou et toi une méchante *lubigneuse*. Si le maître vivait, il reviendrait.

Le jeune homme assis à la gauche de Karnieuc se leva alors et dit d'une voix brève :

— Maître Karnieuc, mon père n'est

pas un vieux fou, songez-y bien, sinon...

Et il lui secoua violemment le bras

— C'est bon, c'est bon, répondit l'intendant d'un ton radouci ; mais crois-tu à ce qu'il dit, mon fieu ?

— Oui, répondit simplement Bernard.

— Alors c'est que tu es timbré, toi aussi. Et, de fait, continua Karnieuc avec un gros rire, faut bien que tu le sois pour être toujours avec mamzelle Fleur-des-Genêts, qui se moque de tes gros sabots avec ses mains blanches et ses pieds mignons.

— C'est possible que je sois *timbré*, grommela Bernard avec colère, et c'est bien possible encore que mamzelle Fleur-des-Genêts se moque de moi ; — mais mon père n'est pas fou, entendez-vous bien ?

— Alors qu'est-il, mon gars, quand il ferme les yeux et qu'il nous dit cent bêtises des heures entières? Qu'est-il donc quand il se lève la nuit et qu'il court comme un chat-pard sur le bord des toits et le long des falaises, ousque les chèvres ne passeraient pas sans se signer de la patte droite?

— Mon père est somnambule, répondit Bernard.

— *Somnambule? qué tout ben que ça?* demanda Jeannon.

— Dame! fit Bernard un peu déconcerté, je ne sais pas au juste; mais je crois ce que dit mon père, et ça me suffit.

— Et à moi aussi, murmura Perrussin le colosse, qui écoutait toujours sans comprendre jamais.

— Qui est allé chercher le recteur? demanda de Karnieuc.

— C'est Yvon, répondit Pornic.

Karnieuc ouvrait la bouche pour avaler une gorgée de cidre, mais il laissa soudain retomber son bras ; le pichet lui échappa des mains et se brisa sur les dalles de l'âtre :

— Entendez-vous ? dit-il avec terreur.

C'était le deuxième couplet de la chanson de Jean Pelao qui traversait l'espace et venait mourir aux fenêtres de la salle basse :

> L'oncle en une tour l'enferma,
> Et sous la garde il le plaça
> D'un Anglais que le ciel confonde ;
> Puis à prix d'or il acheta
> Cet Anglais que Dieu punira ;
> Ensuite, en une nuit profonde,
> De tuer l'enfant ordonna.

Un frisson d'épouvante courut parmi les serviteurs, et Jeannon s'écria :

— Mon Dieu! mon Dieu! notre maîtresse va *passer*!

Un silence funèbre s'établit alors; tous les cœurs battirent, toutes les tempes se mouillèrent d'une sueur froide, et l'on n'entendit plus à l'entour de l'âtre que des respirations entrecoupées par l'angoisse.

Soudain le marteau retomba sur le chêne ferré de la porte.

— Allez ouvrir, dit chacun.

Mais nul ne bougea, et Pornic ajouta :

— V'là la mort qui vient!

— Imbécile! murmura Bernard Pelao, la mort ne frappe pas si fort; elle entre à cloche-pied.

Et il alla ouvrir.

C'était le recteur qui arrivait, mouillé jusqu'aux os, et en compagnie d'un gros garçon à mine fleurie, dont nos lecteurs savent déjà le nom. Le prêtre portait les sacrements sous son bras.

II.

Au premier étage du château de Kerbrie, se trouvait ce qu'on nommait autrefois la salle d'honneur. C'était une vaste pièce carrée, tendue jusqu'à hauteur d'appui de tapisseries de soie à flammes multicolores, garnie de boiseries à bas-reliefs, et meublée de ces lourds et incommodes fauteuils de nos pères, qui du moins avaient un mérite, celui d'être des chefs-d'œuvre de sculpture.

Au milieu était un lit à colonnes torses et à baldaquin aux rideaux de velours rouge. En face du lit, une immense cheminée d'érable sculpté, surchargée d'un écusson héraldique, et dans laquelle flambait un grand fen.

Affaissée sur elle-même, et respirant avec peine, une grande et sèche figure parcheminée, osseuse, presque diaphane, occupait, au coin de cette cheminée, un vaste fauteuil canné du temps de Louis XII. C'était la mourante, — madame la baronne de Kerbrie.

Près d'elle se tenait une jeune fille rondelette, potelée, mignarde, type hybride, tenant le milieu entre la demoiselle de haut rang et la bourgeoise de village. — Mademoiselle Fleur-des-Genêts était un petit être égoïste, vaniteux, coquet, — un charmant composé de tous les germes vicieux de la Parisienne unis aux ridicules classiques de la femme de province. Fille d'un métayer, elle avait été élevée au château ; et madame la baronne, après l'avoir affublée d'oripeaux d'assez mauvais goût, lui avait donné auprès d'elle les fonctions de demoiselle de compagnie. Elle avait pour unique occupation de poudrer la chevelure blanche de la vieille dame, et de lui lire sur un ton langoureux les fades romans du siècle dernier. Elle était, du reste, en ce moment-là, assez insouciante auprès de sa maîtresse moribonde.

Maintenant qu'on nous permette quelques lignes d'histoire rétrospective.

M. le baron de Kerbrie avait, en 1789, un fils âgé de vingt-cinq ans.

Le chevalier de Kerbrie, guidon aux mousquetaires, fut un de ces jeunes gentilshommes qui partirent pour l'Amérique à la suite du marquis de Lafayette, firent la guerre de l'indépendance et revinrent en France avec des idées et des théories libérales qui devaient être funestes à la monarchie.

La révolution éclata. Le chevalier de Kerbrie embrassa sa cause avec chaleur et sans restrictions. La Constituante le compta au nombre de ses membres, les Girondins le virent dans leurs rangs. Plus heureux qu'eux dans leur chute, il parvint à fuir et voulut se réfugier dans le manoir de ses ancêtres. Quand il y arriva, sa mère le reçut sur le seuil. La baronne était en grand deuil, elle jeta un regard indigné à son fils, et lui dit :

— Votre père a été tué, il y a trois jours, aux côtés de M. de Larochejacquelein, en combattant pour le roi, que vous avez indignement trahi... Il est mort en vous maudissant... Je vous maudis à mon tour et je vous défends de franchir la porte de ma maison. Allez ailleurs cacher vos remords et votre honte, et soyez heureux, s'il est un coin du monde où la malédiction d'un père ne soit pas un fantôme qui se dresse entre le bonheur et vous.

Et le fils, au désespoir, s'en était allé pour toujours.

Qu'était-il devenu ? On prétendit qu'il s'était embarqué pour les Indes; mais nul ne l'affirma et jamais on ne le revit.

Forcée d'émigrer, la baronne comprit dans l'exil le poids de son isolement; elle se repentit de sa dureté, elle appela vainement son fils, prête à lui pardonner : — son fils ne revint pas.

Rentrée en France, la pauvre mère désolée s'enferma dans son vieux manoir, rompit avec le reste du monde et attendit...

Elle attendit longtemps, elle attendit toujours... le maudit ne revint pas.

Ce qu'elle éprouva, ce qu'elle souffrit, quelles tortures brisèrent lentement et jour par jour son âme, — on peut bien le sentir, on ne le redit point... Sa vie fut un long martyre, une agonie implacable sans repos d'une heure, sans trêve d'un instant... Mais toujours au milieu de son lent désespoir, une lueur fugitive d'espérance venait la ranimer et lui insuffler l'énergique instinct de la vie.

Près d'elle était le frère nourricier de son fils, sorte d'être inculte, mais étrange, qui depuis le départ du chevalier, était atteint d'une sorte d'aliénation mentale des plus bizarres.

Cet homme avait de fréquentes hallucinations, se levait la nuit, courait sur les toits, au bord des falaises et parlait un langage solennel et prophétique, quoique souvent incohérent, au milieu des nuages duquel apparaissait toujours cette pensée : Le chevalier de Kerbrie n'est pas mort; je ne sais pas où il est, mais je le vois.

La baronne était fille du siècle sceptique de Louis XV, mais elle était mère, elle avait vieilli, et parfois, dans son fol espoir, elle se cramponnait pour ainsi dire aux révélations du visionnaire, quoiqu'elles ne lui vinssent qu'à de longs intervalles; car Jean Pelao était rarement lucide et saisissable dans ses bizarres prophéties. Mais les années s'écoulaient une à une, — le chevalier ne revenait pas. Un jour sonna pour la vieille mère l'anniversaire de sa centième année; elle sentit un froid inaccoutumé envahir les parties inférieures de son corps, sa vue se troubla, et elle se dit :

— Il faut renoncer à le voir... il faut mourir seule comme j'ai vécu...

Pendant toute la journée, elle put encore aller, venir, errer dans son château; — mais, vers le soir, le froid augmenta; elle sentit approcher l'heure dernière, et sur-le-champ, avec sa présence d'esprit admirable qu'elle devait conserver jusqu'au bout, elle demanda ces deux amis suprêmes du mourant : — un prêtre et un notaire.

Le vieux prêtre, — c'était un vieillard aussi, — écouta la confession de la centenaire, lui administra les sacrements; — puis quand il l'eut réconciliée avec Dieu, malgré l'ouragan, malgré la nuit, malgré les chemins défoncés et les ronces de la lande, il repartit... non loin de la grande dame se mourait un bûcheron!

A peine le recteur avait-il disparu dans les ténèbres qui enveloppaient le chemin du château, que le notaire arriva, — conduit par un de ces ignobles paysans bas-normands, demi-messieurs, demi-manants, au sourire narquois, aux lèvres minces, cachant, sous un apparent idiotisme, une astuce infernale et le germe des passions cupides et mauvaises qui conduisirent leurs pères droit à la potence et perpétuèrent l'usage de la corde dans leur famille. — Celui-là se nommait Claude-Anastase-Xénophon Bachelet.

Alors madame la baronne de Kerbrie ordonna qu'on fît monter tous les domestiques, hommes et femmes. Lorsqu'ils furent rangés autour d'elle et de maître Kerkarakadec, notaire en la ville de Quimper, la centenaire leur dit :

— M. le baron de Kerbrie, mon noble époux, avait coutume de regarder ceux qui le servaient comme ses enfants et de traiter devant eux tous les actes sérieux de sa vie. J'ai toujours fait comme lui, et je vous ai réunis pour dicter en votre présence et à haute voix mon testament. Mes enfants, je suis la dernière de ma race ; nous allons nous quitter... J'ai attendu mon fils... mon fils n'est point venu... Vous n'obéirez plus à Kerbrie... Kerbrie est un nom éteint !

Mais en ce moment retentit un chant aigre et saccadé ; un bruit se fit à la porte: les assistant se regardèrent avec stupeur, et un être étrange, tout bras et tout jambes, dont les membres décharnés s'entrechoquaient avec un son métallique, entra en gambadant et chantant le troisième couplet de sa bizarre chanson :

Mais Dieu veillait... Quand la nuit brune,
Nuit sans étoiles, nuit sans lune,

Enveloppa la vieille tour,
Un ange descendit sur elle !
Et quoique le toit fût bien lourd,
Il le souleva de son aile...
Emporta l'enfant, notre amour...
Il nous le rendra quelque jour !

Puis, lorsqu'il eut fini, il reprit d'une voix traînante et grave à la fois :

— J'ai vu M. le chevalier, je l'ai vu ! je l'ai bien vu !

Et, à ces paroles, la centenaire retrouvant une force et une énergie factices, avait abandonné son fauteil et s'était dressée tout d'une pièce devant la cheminée.

VI.

On ne saurait peindre la stupéfaction chagrine et la jalouse inquiétude qui gagnèrent quelques-uns des assistants, à l'arrivée de Jean Pelao. Pour eux, ce vieillard décharné, qui parlait sans cesse du retour mystérieux du maître de la maison, était le lien le plus puissant pour retenir au seuil de la vie cette femme qui bientôt, sans doute, allait, selon l'usage, distribuer une partie de sa fortune entre ses serviteurs... Jean Pelao était ce souffle orageux qui trouble le courant limpide du ruisseau et le détourne dans sa course, Jean Pelao pouvait encore annoncer l'arrivée prochaine du chevalier de Kerbrie et changer d'un mot les projets et les dernières volontés de la moribonde... Qui sait même s'il ne prolongerait pas ses jours? Et d'honneur! on pouvait sans folie s'arrêter à cette pensée, quand, rien qu'au nom de son fils, cette femme affaissée, engourdie naguère par le premier baiser d'une mort prochaine, s'était redressée soudain et levée d'un seul jet, comme si une main puissante et mystérieuse avait tout d'un coup déchargé ses épaules de ce poids énorme de cent années qui les courbait vers la terre.

Au nombre de ceux que les instincts féroces de l'héritier dominèrent en ce moment, plaçons tout d'abord le Bas-Normand Bachelet qui grommela entre ses dents :

— Vieille brute ! si tu as le malheur de me gâter mon affaire, je te ferai la tienne un jour ou l'autre.

L'intendant Karnieuc se faisait à peu près les mêmes réflexions ; — et, par son habitude sans doute, Claude-Yaume Perrussin pensait comme Karnieuc ; mais il est juste d'avouer que sa pénétration n'allait point jusqu'à redouter la perte de son hoirie; il ne songeait qu'à une chose, — c'est que les extravagances du sorcier allaient prolonger cette scène ennuyeuse à laquelle il ne comprenait pas grand'chose et le forceraient à se coucher au moins une heure plus tard. Il était ivre, et Bacchus appelle souvent Morphée à son aide.

Il y avait peut-être bien encore plusieurs autres serviteurs avides qui ressentirent un mouvement de jalousie effrénée quand le fou entra; — mais aucun d'eux ne fut plus profondément irrité que mademoiselle Fleur-des-Genêts qui, parfaitement étrangère à l'aspect imposant et funèbre du spectacle qu'elle avait sous les yeux, rêvait de la Fête-Dieu dernière où elle avait vu sous le *mai* et dans l'église un beau monsieur de Paris qui portait des bottes fines, un pantalon collant gris perle et des breloques, — costume d'un goût suprême, — en même temps qu'il *voyageait* dans les denrées coloniales; — la plus aristocratique des professions.

La brusque apparition du sorcier interrompait son rêve.

Jean Pelao traversa la salle dans toute sa longueur, alla s'asseoir au coin de la cheminée et répéta sur un ton lent et monotone :

— Je l'ai vu... je l'ai bien vu...

— Qu'avez-vous vu? s'écria la centenaire, dont la face parcheminée s'était colorée d'une fugitive rougeur.

— Je l'ai vu, je l'ai bien vu... répéta le fou.

Maître Kerkarakadec jeta un regard de compassion à la baronne, puis se tourna vers le digne maître d'hôtel, qui caressait, la sueur au front, son vaste abdomen.

—Pauvre femme! murmura-t-il, elle

mourra en croyant aux divagations de cet idiot.

— Ne parlez pas ainsi, monsieur le notaire, souffla Yvon, le valet de ferme, qui s'était dévotement signé derrière les épaules gigantesques du sommellier Perrussin, ne parlez pas ainsi, Seigneur Jésus ! — chacun sait, de Vannes à Quimper, que Jean Pelao est sorcier, et dame !...

Yvon était hors d'haleine, il s'arrêta et attacha son grand œil bête et effrayé sur le visionnaire, dont tout le corps était agité d'un tremblement convulsif et la lèvre bordée d'une écume bleuâtre.

— Et dire, grommela le Bas-Normand Bachelet, que ce vieux sorcier de malheur peut nous faire perdre notre légitime, s'il persuade à la vieille, avant qu'elle *passe*, que son fil est encore en vie.

Quant aux autres serviteurs, ils fixaient

un regard moitié curieux, moitié effrayé sur Jean Pelao, et demeuraient bouche close.

Mademoiselle Fleur-des-Genêts pinçait ses lèvres roses et tortillait ses manchettes de tulle d'un air parfaitement indifférent.

— Mais parlez donc! s'écria la baronne tremblante d'émotion; au nom du ciel, parlez, Jean, parlez...

Le visionnaire avait posé son menton sur ses genoux anguleux et se taisait, respirant bruyamment et par saccades comme un homme oppressé.

Bernard Pealo, son fils, s'était approché de son père et avait pris ses mains fiévreuses dans les siennes; mais son œil examinait à la dérobée le fichu de madras qui couvrait les épaules rondelettes de mademoiselle Fleur-des-Genêts; puis, du fichu, remontait à son visage mutin, pour prendre une direction opposée lorsqu'il venait à croiser le regard dédaigneux et insouciant de la jeune fille.

Il y eut un moment d'anxiété silencieuse, pendant lequel on n'entendit que la respiration du somnambule et le bruit de la tabatière d'or avec laquelle la baronne tapotait d'une main fébrile et impatiente le dossier de son fauteuil.

— Écoutez, reprit Jean Pelao, écoutez : la nuit est sombre, le vent souffle du nord, la mer est grosse, elle mugit... Un navire est à la côte, il amène le pavillon de détresse... Tout l'équipage est sur le pont... J'entends la voix du capitaine, elle tonne, elle domine le vent !...

Le visionnaire recula vivement, comme frappé d'un choc électrique, et reprit :

— C'est le tonnerre qui se mêle au canon d'alarme, j'ai vu l'éclair, il m'a brûlé les yeux ! Mais je l'ai vu aussi lui... je l'ai vu !...

— Qui, lui ? demanda la baronne haletante.

— M. Georges ! Il avait une corde à sa ceinture, il tenait un enfant dans ses bras...

— Après ? après ? fit la baronne d'une voix oppressée...

— Après ? continua le visionnaire... Après... je ne vois plus... la nuit... Oh ! la nuit !...

— Ah ! murmura la centenaire en retombant brisée dans son vaste fauteuil, il est mort !...

Mais, à ce mot, Jean Pelao, qui était rentré dans sa prostration douloureuse, se trémoussa violemment et s'écria :

— Non ! non ! il vit !

— Double brute ! grommela le Bas-Normand Bachelet, te tairas-tu, et veux-tu nous voler notre héritage ?

— Il vit ! poursuivit Pelao, je le sens.

— Mais où est-il ? où est-il ? fit la centenaire en se dressant de nouveau.

— Je ne sais pas... je ne sais pas... La nuit... encore la nuit...

— Mon Dieu ! mon Dieu ! fit la baronne en levant au ciel un œil qui n'avait plus de larmes, mon Dieu ! je vais mourir !... Pitié !...

— Attendez ! reprit brusquement Pelao, je les vois tous... Elle est belle, bien belle, mais elle rit trop... Elle a une petite fille blonde, rose... elle la promène au bord de la mer... Elle regarde au loin... Elle examine la voile blanche des navires qui courent des bordées à l'horizon... Elle attend...

— Sa femme, sans doute, c'est sa femme... mais l'enfant, le fils, où est son fils ?

Pelao se tut de nouveau ; il sembla prêter l'oreille à des bruits lointains perceptibles pour lui seul.

— Allons ! est-ce la fin, ou bien allons-nous recommencer? murmura le maître-d'hôtel Karnieuc à l'oreille de Kerkarakadec, cela commence à me tarabusquer drôlement.

— Dieu ! que c'est ennuyeux ! faisait en même temps mademoiselle Fleur-des-Genêts, qui tombait de sommeil et se laissait aller nonchalamment sur une bergère.

— Le fils, le fils, reprit Pelao, je ne le vois pas ; mais je l'entends pleurer... Il aime une femme...

Le visionnaire s'arrêta découragé, puis reprit :

— Je ne vois plus... Encore la nuit... Mais il vit, je le sens... Il viendra... Il viendra d'une grande ville où le soleil est pâle et l'eau couleur d'ardoise... Il viendra ici...

— Mais quand ?

Et dans ces deux mots se fondirent l'anxiété maternelle, l'orgueil héréditaire et les rêves de postérité de cette vieille femme, qui avait un pied déjà sur le seuil de l'éternité.

— Vous ne le verrez pas ! répondit durement Pelao.

Et, soudain, il se leva sur ses longues jambes, redressa sa grande taille osseuse, passa la main sur son front comme un homme qui sort d'un sommeil tourmenté, et promena autour de lui un regard étonné et presque idiot. La crise était passée.

Les paroles souvent incohérentes et néanmoins toujours empreintes d'un cachet prophétique que venait de prononcer Jean Pelao avaient produit une impression profonde, mais diverse en ses effets, sur les différents spectateurs de cette scène émouvante. Maître Kerkarakadec, bien qu'il eût fait son droit à Paris, n'était pas Breton pour rien, et comme tel il avait réservé un coin de sa grosse intelligence aux idées superstitieuses.

Incrédule au premier acte du drame, il était presque convaincu au dernier, et sa face rubiconde et débonnaire exprimait une certaine inquiétude qui ne cadrait pas mal avec les visages environnants et la salle aux tentures sévères, aux plafonds noircis sur lesquels les candélabres de suif fumant aux deux angles de la cheminée projetaient une clarté rougeâtre et fantastique.

Le digne M. Karnieuc, maître-d'hotel de madame la baronne, avait une mine plus effarée encore. Le Bas-Normand Bachelet, le type du paysan incrédule, dardait un regard furibond sur le somnambule.

Le sommelier Perrussin soufflait bruyamment dans ses doigts après avoir renoncé à saisir la signification de ce qu'il voyait.

Yvon, le valet de ferme, caché derrière tout le monde, se signait à chaque minute.

Les autres valets et la vieille Jeannon Maclou chuchotaient entre eux, les cheveux hérissés par une mystérieuse terreur.

Bernard Pelao fixait un regard sombre et mélancolique sur la jeune Fleur-des-Genêts.

Mademoiselle Fleur-des-Genêts, coquettement abandonnée sur la bergère, dormait profondément, rêvant sans doute du beau *voyageur* dans les sucres et cafés, de ses bottes fines, de ses breloques et de son pantalon collant gris perle.

Quant à la vieille baronne de Kerbrie, son attitude grave et solennelle servait de repoussoir énergique à tous ces visages indifférents ou tourmentés.

Elle avait adossé sa grande taille au chambranle de la haute cheminée, croisé ses mains osseuses et ses bras décharnés sur sa poitrine dans une attitude masculine et toute chevaleresque, puis son regard s'était abaissé sur le sol, et elle était demeurée un moment perdue en une silencieuse et profonde méditation.

—Maître Kerkarakadec, dit-elle soudain en relevant la tête et d'une voix brève et parfaitement tranquille, asseyez-vous à cette table et apprêtez-vous à écrire mes dernières volontés sous ma dictée.

Un frissonnement parcourut les assistants.

— A combien de mille livres s'élève actuellement mon revenu? poursuivit la baronne.

Maître Kerkarakadec essuya son front ruisselant, se remit peu à peu du trouble passager dont il n'était jamais complétement maître lorsque madame de Kerbrie lui adressait la parole, et répondit :

— M. le baron Hector-Enguerrand de Kerbrie jouissait, lors de son mariage, c'est-à-dire en 1750, de cent soixante-sept mille cinq cents livres, représentées par le château de Kerbrie et ses dépendances, la terre châtellenie de Notre-Dame-sous-Bois, le manoir de Ploërnic en Morbihan, et le prieuré de Belle-Fontaine, à lui échu par voie d'hoirie. Madame la baronne de Kerbrie ici présente, de son nom Ermengarde-Honorée de Kerniant, comtesse de son chef, lui apporta en dot une somme liquide d'un million cinq cent mille francs, — soit soixante-quinze mille livres de rentes, déposées entre les mains de feu maître Kerkarakadec, mon père, notaire en la ville de Quimper, et placées par lui sur la ville de Paris. La fortune de M. le baron de Kerbrie s'élevait donc, en 1789, à la somme de deux cent quarante-deux mille cinq cents livres de revenu.

La Révolution, en amenant la banqueroute de l'État, fit perdre à madame la baronne de Kerbrie les deux tiers de sa dot, soit cinquante mille livres de rentes. La Convention, par un décret du 11 avril 1792, confisqua comme biens nationaux toutes les propriétés de M. le baron. Le général Bonaparte, premier consul, par un arrêté du 10 mai 1800, annula l'acte de bannissement qui éloignait de France madame la baronne de Kerbrie, comme veuve de chef vendéen, et lui rendit ses biens. Par suite du déchet et des dilapidations auxquelles avaient été livrées les propriétés de madame la baronne, son revenu se trouva réduit à cent quatre-vingt-seize mille livres environ.

Depuis lors, madame la baronne, n'ayant point quitté son château, a dépensé annuellement soixante mille livres. Son capital s'est donc augmenté de cent trente-six mille francs par an, ce qui, multiplié par vingt, donne une somme de deux millions sept cent vingt mille francs, qui produisent un revenu de cent trente-six mille francs.

— Cent trente-six mille d'une part, interrompit la baronne, et cent quatre-vingt-seize de l'autre, font donc un total de trois cent trente-deux mille livres de revenu.

— Madame la baronne, dit le notaire en s'inclinant, est riche aujourd'hui de trois cent trente-deux mille livres de rentes, dont deux cent quatre-vingt-deux en propriétés terriennes et cinquante en argent liquide.

— C'est bien, fit la baronne. Rédigez la formule ordinaire d'un testament. Maintenant, poursuivit-elle quand le notaire eut fini, écrivez ceci :

« Ce jourd'hui 16 septembre 1820, à
» quatre heures moins un quart du matin,
» moi Ermengarde-Honorée de Kerniant,
» baronne de Kerbrie, âgée de cent ans six
» heures trois quarts, jouissant de la pléni-
» tude de mes facultés, j'ai dicté mes volon-
» tés dernières comme suit :

» En l'absence et supposant la mort
» de mon fils Georges de Kerbrie,
» mon héritier direct, je lègue à prendre
» sur la totalité de mes biens :

» 1° A M. Charles de Rumfort, mon ne-
» veu à la mode de Bretagne et le proche
» parent de mes collatéraux, cent cinquante
» mille livres de rentes ;

» 2° A mademoiselle Laurence de Rum-
» fort, sa fille, âgée d'environ cinq ans,
» cinquante mille livres de rentes ;

» 3° A M. le vicomte Léon de Maucroix,

» mon cousin au troisième dégré, cinquante
» mille livres de rentes ;

» 4° A maître Perrussin, mon sommelier,
» six mille livres de rentes ;

» 5° Idem à maître Karnieuk, mon inten-
» dant et maître d'hôtel ;

» 6° Idem à Jean Pelao ;

» 7° Idem à Fleur-des-Genêts Margue-
» rite Yvonne Bilain, ma demoiselle de
» compagnie ;

» 8° Mille livres de rentes à chacun de
» mes autres serviteurs.

» Maintenant, comme tous ces legs et
» dons sont faits sans que l'extrait mortuaire
» de mon fils Georges de Kerbrie me soit
» parvenu, j'entends et ordonne que pen-
» dant vingt années mes revenus s'accumu-
» lent et soient versés entre les mains de
» maître Kerkarakadec, mon notaire, afin

» qu'il les fasse valoir; au bout duquel dé-
» lai, si mon fils, ses héritiers ou ses
» ayants droit ne se sont présentés, déli-
» vrance des legs et dons et lecture du tes-
» tament sera faite, à pareil jour et en ce
» même lieu, aux collatéraux ci-dessus
» nommés. Au cas où M. Georges de Ker-
» brie, ses héritiers ou ses ayants droit se
» présenteraient à l'ouverture de ma suc-
» cession, le présent testament sera de
» droit annulé. »

A ces dernières paroles de la centenaire, il y eut un mouvement de stupéfaction dans la salle, et mademoiselle Fleur-des-Genêts, qui dormait encore, pour justifier sans doute le proverbe : « Le bien vient en dormant, » s'éveilla en sursaut.

Il courut parmi les assistants comme un frisson de cupide angoisse, et les cheveux se hérissèrent sur bien des fronts. C'est si long, vingt ans !

« Néanmoins, reprit la baronne, comme
» il est juste que de bons et loyaux ser-
» viteurs soient récompensés de leurs ser-
» vices, tous ceux qui, à ce titre, sont dési-
» gnés sur mon testament, entreront im-
» médiatement après mon décès en posses-
» sion du tiers de la somme à eux lé-
» guée.

» Telles sont mes dernières volontés.

» Fait au château de Kerbrie, ce 16 septembre 1820. »

— Monsieur le tabellion, ajouta la vieille femme, passez-moi cet acte, que je le signe.

Et d'une main tremblante elle traça quelques mots assez lisibles qu'elle accompagna de son paraphe.

Le notaire plia le testament, le ferma, y apposa son sceau, et quand ce fut fait, la baronne, qu'une force fébrile avait soutenue jusque-là, se laissa retomber presque mourante dans son grand fauteuil :

— Mes enfants, dit-elle alors d'une voix qui s'éteignait, j'ai cent ans et six heures ; je n'ai plus que quelques moments à vivre et je veux recevoir vos adieux et vous bénir. Venez tous vous agenouiller devant moi.

Alors commença une cérémonie vraiment grandiose et touchante. — Tous ces hommes grossiers, incultes, aux instincts sauvages, vinrent en pleurant fléchir le genou devant ce cadavre qu'animait un dernier souffle : Perrussin, la brute égoïste, Karnieuc, l'intendant voleur, mademoiselle

Fleur-des-Genêts elle-même, la petite poupée prétentieuse et guindée, éprouvèrent une émotion indicible en baisant cette main qui assurait leur avenir, — et le bon notaire fondit en larmes.

Il n'y eut que le Bas-Normand Bachelet qui se releva l'œil sec et murmura :

— Ça me fait une belle jambe, trois cent trente-trois francs de revenu... Cré canaille... va !..

Et il sortit le premier.

— A présent, continua la baronne, allez-vous-en tous, à l'exception de trois d'entre vous et de Fleur-des-Genêts. Vous reviendrez me voir quand je serai trépassée.

Et, toute faible qu'elle était, la voix de la vieille femme ne trembla point en prononçant ces mots sinistres.

Tout le monde sortit en sanglotant. Il ne resta dans la salle que maître Kerkarakadec, Jean Pelao, plongé en une rêverie profonde, son fils Bernard, Yvon qui demeurait aux genoux de sa maîtresse qu'il embrassait en pleurant, et mademoiselle Fleur-des-Genêts qui avait posé un mouchoir à carreaux sur ses yeux.

En ce moment, les premières clartés de l'aube filtraient à travers les épais rideaux et les contrevents disjoints des croisées...

— Ouvrez les fenêtres, dit la baronne, laissez entrer le soleil !

Quand ce fut fait, elle ordonna qu'on la transportât sur son lit, car déjà les torpeurs de la mort glaçaient l'extrémité de ses membres. On la plaça sur son séant et elle demeura silencieuse, recueillie pendant quelques minutes, attendant que le soleil se levât et vînt faire resplendir une dernière fois à ses yeux mourants l'immense étendue de ses domaines.

Alors des plaines et des coteaux environnants, elle reporta son regard sur l'écusson seigneurial taillé au-dessus de la cheminée, et elle s'écria avec un amer sourire :

— N'es-tu pas l'emblême d'une race éteinte à jamais ?

Puis elle demanda le portrait de son fils, ordonna qu'on le plaçât devant elle, le contempla longtemps d'un œil fixe et désespéré, et se coucha enfin tout de son long avec une austère et héroïque grandeur, disant :

— L'heure est venue... mourons!

Quelques minutes après, en effet, madame la baronne Ermengarde-Honorée de Kerbrie était décédée en son château du

Finistère, à l'âge de cent années révolues, laissant un testament qui devait être, à vingt ans de distance, une source féconde de drames et d'intrigues mystérieuses dont nous allons nous faire l'historien.

FIN DU PROLOGUE.

PREMIÈRE PARTIE,

Une nuit de carnaval.

I.

C'était une de ces nuits de fièvre où Paris, le colosse aux douleurs profondes et aux joies échevelées, noie ses soucis au fond d'un verre et danse du crépuscule à l'aurore, sur un flot de satin, de velours, de champagne et d'esprit.

Une de ces nuits où l'ouvrier endosse un *pierrot* loué avec le montant d'une reconnaissance du mont-de-piété, — la grisette un *débardeur* pour lequel elle a supprimé pendant huit jours son bol de lait et son pain d'un sou; — où la noble dame du faubourg Saint-Germain quitte en tapinois son hôtel sous le mystère d'un *domino*; — où la folle créature qui loge dans Breda-Street montre, à quatre heures du matin, ses incisives blanches et son pied cambré chez Bignon, le restaurateur complaisant.

On a pleuré la veille, on pleurera le lendemain; on a jeûné huit jours, on travaillera onze heures durant huit autres; — mais la Folie trémousse ses grelots, Musard a rompu pour une nuit avec son rhume chronique, son pot de tisane et son bonet de coton; — l'Opéra a mis de niveau la scène et le parterre, le jour qui finit a nom MARDI-GRAS. ... Il faut oublier le passé, tourner le dos à l'avenir, ne point songer à la grippe qui vous attend au passage et jettera, à l'aube, ses doigts crochus et son haleine septentrionale sur vos épaules nues, en guise du traditionnel manteau de satin, sans que la police et la garde municipale qui veille à la porte de ce Louvre du plaisir vous en puissent garder; — il faut brûler l'asphalte des trottoirs, pour arriver plus vite : — C'est MARDI-GRAS...... il faut danser!

Tout dégénère, même le carnaval. Depuis quelques années, le bal de l'Opéra n'est plus qu'une affreuse cohue où ne se risquent guère que les gens qui n'ont rien à risquer; la gaieté de bon goût a fait place à de frénétiques hurlements, à des débats de mauvais ton qui ont singulièrement compromis la réputation de ces quelques jours de joyeuseté qui terminent l'hiver. Mais, à l'époque où nous plaçons la première partie de notre histoire, c'est-à-dire en l'an de grâce 1840, le carnaval était encore le prétexte de mille folies spirituelles et pleines d'atticisme ; les bals de l'Opéra, le rendez-vous décent d'une foule de bon goût qui venait, pour une nuit, s'affranchir, sous l'égide du masque de velours, des cordons de ce masque hypocrite que le monde impose à chaque visage.

Puis, dans ces mêmes restaurants où, toute la nuit, hurle aujourd'hui l'ivresse banale et l'*orgie aux chants grêles* du poète, on soupait à trois heures du matin avec des façons d'une courtoisie régence. On gardait, durant le repas, le loup de dentelles, mais les convives ne se croyaient point obligés, par cette liberté même, de rouler sous la table aux premières clartés du jour ; ils se grisaient quelquefois peut-être, mais ils ne s'enivraient jamais. Ces poisons déguisés sous forme de liqueurs qui, depuis quelques années, se glissent dans les raouts, le cognac et l'absinthe étaient bannis de la nappe : le vin d'Aï seul y coulait à flots, donnant esprit et gaieté aux amoureux taciturnes et aux hommes les plus ordinaires.

———

C'était donc la nuit du mardi gras 1840. Musard était monté au fauteuil fameux de l'orchestre qu'il occupait toujours si royalement, le galop entraînait un tourbillon bariolé, un pêle-mêle de costumes de toutes les couleurs, de toutes les époques, de toutes les nations.

Un bal d'Opéra a deux instants de frénésie générale, de fièvre impatiente qui gagne toutes les chevilles et ferait danser des cadavres s'il avait lieu dans un cimetière. — C'est l'heure où il commence et celle où il finit.

Il était alors minuit un quart.

Au foyer, et presque sous l'horloge, — le lieu qui, par parenthèse, est le témoin de tous les rendez-vous de la nuit, — deux dominos, l'un noir, l'autre marron, se promenaient en sens inverse, probablement sans se connaître et, à coup sûr, attendant chacun une personne différente.

Un troisième domino couleur orange, qui trahissait une femme et une femme jeune, si l'on prenait garde à certaines ondulations de taille et de hanches d'une molle langueur, que la femme acquiert à vingt ans et perd d'ordinaire à quarante ; — un troisième domino, disons-nous, vint prendre le bras du domino noir qui portait sur l'épaule un bout microscopique de ruban vert-pomme, signe mystérieux de ralliement, seulement perceptible pour celui auquel il s'adressait.

— Que vous avez été lente !

Telle fut la phrase sacramentelle par laquelle le domino noir aborda le domino orange.

— Trêve de compliments et de banalités, répondit ce dernier, vous avez une foule d'autres moments plus opportuns pour me débiter de fades galanteries.

— Prenez mon bras et sortons.

— Non, mais entrons dans le bal, — on n'est jamais si isolé qu'au milieu de la foule, et le meilleur moyen de n'être point écouté est de causer entre mille personnes.

Les deux dominos, appuyés au bras l'un de l'autre, se glissèrent dans la cohue.

— Écoutez, dit alors le domino orange, j'ai reçu aujourd'hui de Marseille des nouvelles qui me sont arrivées trop tard pour qu'il me fût possible de vous voir ailleurs qu'ici ; c'est pour cela que je vous ai donné rendez-vous au bal de l'Opéra.

— Et... ces nouvelles ?

— Terrifiantes ! tout peut croûler en un jour.

— Mais enfin...

— Tenez, dit le domino orange, c'est une lettre de trois lignes que m'écrit Bouglais ; les longues lettres ne signifient jamais rien, il n'y a que les courtes qui tuent.

Le domino noir prit vivement la lettre et lut :

« La belle-mère de M. Marc Aubry, soumise par ses enfants au traitement du célèbre docteur P...., est sur le point de recouvrer la raison qu'elle avait perdue dans son naufrage. »

Le domino noir recula.

— En sorte que... fit-il avec une anxiété interrogative.

— En sorte que nous allons avoir sur les bras non-seulement le père et le fils, qui ne cherchent pas à se rejoindre, mais que cette fatalité inconcevable qui préside à tous les grands drames de la vie peut réunir d'un moment à l'autre...

— Mais l'un est un vieillard presque idiot, auquel il reste tout juste assez d'intelligence pour grossoyer du papier timbré dans un bureau et gagner quelques sous qui l'empêchent de mourir de faim... et l'autre ne nous gênera pas longtemps, si, comme vous me le promettez...

— Je fais toujours le mal que j'ai promis de faire, répondit sèchement le domino orange. Quant au vieillard, il faut tout prévoir, et je donnerai tantôt mes instructions à la Carnaud. Mais le danger réel, imminent, le danger véritable, et qu'il faut conjurer à tout prix, c'est celui qui nous peut venir de Marseille à tout instant. Un éclair de raison, un mot échappé à la mère, et voilà le gendre et la fille sur la trace de ce secret qu'ils cherchent depuis vingt ans ; voilà tout un monde de révélations qui se succéderont inévitablement. Aubry est un homme tenace, intelligent ; il remuera ciel et terre, il écrira à Pondichéry pour avoir des pièces justificatives... Bref, tout peut être anéanti en un jour.

— Mais que faire alors, et comment prévenir?..

— Vous le savez, je suis la tête et vous êtes le bras, contentez-vous donc d'agir.

— Eh bien! que dois-je faire?

— Aller dès demain voir le ministre de la marine et lui demander avec les instances les plus vives la mutation du lieutenant de vaisseau Marc Aubry, auquel vous portez le plus sympathique intérêt, et qui désire passer à bord de la frégate l'*Invincible*, laquelle va prendre station en Océanie. Comme toujours, l'ordre de mutation arrivera l'avant-veille de l'appareillage, et notre lieutenant n'aura pas le temps de se reconnaître et de demander une explication.

— Bien. Après?

— Vous êtes au mieux avec le préfet de police : il faut absolument, — c'est difficile et dangereux, mais il le faut, — il faut, dis-je, que vous obteniez que sur un simple mot de vous, et sans explication à fournir, l'homme que vous désignerez soit arrêté préventivement et détenu jusqu'à ce que vous ayez justifié de sa culpabilité relativement à un fait que vous désirez laisser provisoirement inconnu.

— Mais de qui donc s'agit-il encore ?

— Vous n'êtes pas assez homme d'État pour avoir oublié les fables de La Fontaine; — vous souvient-il du *rat et du lion ?*

— Sans doute. Après?

— Après, cher,- l'homme qu'il nous faudrait supprimer provisoirement est le rat rongeur de la fable. C'est un atome qui peut renverser notre édifice lentement construit, un faible souffle qui soulèvera la tempête au milieu de laquelle nous serons engloutis si nous n'y prenons garde.

— Mais quel est-il donc cet homme?

— Presque rien dans notre ordre social : il porte une blouse et loge dans une mansarde.

— Mais comment peut-il nous nuire?

— Vous m'en demandez beaucoup trop aujourd'hui. Je ne veux point surcharger votre pauvre cervelle, et embrouiller ainsi pour vous les instructions que je vous donne. Vous demandez donc au préfet de police...

— Mais le préfet de police ne m'accordera jamais pareille chose!

— Alors, c'est que probablement vous avez beaucoup moins d'influence et de crédit que je ne croyais... fit d'un ton moqueur le domino orange.

— Démon! reprit le domino noir, vous avez un rire railleur qui grince et mord.

— Vous êtes un niais!

— Hélas!

— Et si vous vouliez me faire la cour, vous auriez un peu moins de suffisance et plus de sens. Je vous préférerais moins riche, moins député ministériel, moins nullité influente et.... plus spirituel...

— Vous êtes cruelle.

— Eh bien! laissons de côté ces questions intimes. Je vous disais donc qu'il fallait que vous obtinssiez du préfet de police...

— Une chose impossible... mais je l'obtiendrai, puisque l'impossible seul rend le possible facile auprès de vous.

— Le mot est presque joli; en auriez-vous fait d'autres encore?

— Méchante !

— Maintenant, continua le domino orange, abordons une question de détail. Dès demain je vais tenir les fils d'une vaste intrigue qui, je l'espère, enveloppera d'un seul coup et par des moyens opposés tous ceux qu'il nous faut supprimer sans risquer la cour d'assises, laquelle, vous le savez, compromet les réputations les mieux fondées et arrête net les rêves d'avenir les plus vastes, — ceux que vous faites, par exemple. Or, mon beau mari futur, les fils de mon intrigue coûtent fort cher, — il me faut donc les payer, et malheureusement ma dernière soirée et les fêtes que j'ai données pour vous seul, ingrat ! durant l'hiver, ont épuisé mes coffres au point que je vais vous emprunter vingt-mille livres tout d'abord. Peut-être en faudra-t-il autant dans huit jours, peut-être le double; mais nous jouons assez gros jeu pour ne point lésiner sur quelques chiffons de la Banque de France.

— J'enverrai mon intendant chez vous demain matin. Que dois-je faire ensuite?

— Ôter le bout de ruban que vous avez sur l'épaule et me quitter. J'ai donné plusieurs rendez-vous...

— Ah! fit le domino noir avec un ton de Sganarelle dégrisé.

— Allez-vous m'insulter maintenant, jaloux? répondit son compagnon en lui jetant un tendre regard.

— Vous reverrai-je cette nuit?

— Non. Venez demain, j'aurai à dîner un baron de fabrication récente.

— Vous voyez donc de ces espèces-là?

— Oui, quand j'ai besoin d'utiliser leur sottise et leurs mauvais instincts.

— A merveille. Adieu, cruelle...

— A revoir, ennuyeux.

———

Retournons maintenant au foyer où nous avons laissé un domino marron se promenant de l'air d'un homme qui attend depuis longtemps déjà et s'ennuie d'attendre.

Minuit et demi venait de sonner, personne n'arrivait encore.

— Au diable les femmes ! murmura le domino marron, j'ai quelque chose de plus sérieux à faire dans vingt minutes d'ici que de causer amour et baliverne, et pour peu que je *pose* encore...

Il n'acheva pas, une main, assez potelée et presque soignée, s'appuya sur son épaule, et il vit, en se retournant, un petit page chargé d'un embonpoint prématuré qui, malgré le maillot rouge, la poulaine de drap noir, le pourpoint à crevés et le toquet du règne de Charles VI, jurait assez avec la tournure d'un beau damoiseau de dix-huit ans pour qu'il trahît sur l'heure une femme de trente-cinq à quarante.

— *Remember?* dit le page.

— Ah! fit le domino marron, c'est donc vous? Pardon, excuse ; je voulais dire toi ; on se tutoie au bal. Mais, parole d'honneur, ma petite, je ne te croyais pas si grosse.

— Impertinent!

— Ah! c'est que, vois-tu, j'ai toujours aimé par goût les femmes frêles... c'est plus délicat ; mais, à l'occasion, et quand une jolie prestance comme toi se permet de me fixer un rendez-vous sous l'horloge, ce serait manquer à la politesse française...

— Allons, c'est bien, vieux blagueur, murmura le page d'un ton caressant; mais ce n'est pas un rendez-vous d'amour...

— Ah ! bah !

— Tu es trop vieux, grand maigre...

— Ah ! çà, mais... fit le domino marron en se frappant le front, je dois te connaître, toi, il me semble que j'ai entendu cette voix quelque part.

— C'est possible; mais voyons notre affaire...

— Quelle affaire?

— Attendez. Prêtez-vous toujours au vingt-cinq?

— Non. Je me ruinais. Je ne fais plus la banque.

— Cependant, pour obliger une ancienne amie...

— Je n'ai pas d'amis quand il s'agit d'affaires.

— Mais en prenant un intérêt raisonnable, comme... trente... pour cent.

— C'est selon, quand j'ai de bonnes garanties. Mais ce n'est pas toujours au bal de l'Opéra que je fais des affaires semblables...

— Pourtant, Anastase...

— Ah! sacrebleu! s'écria le domino marron, je savais bien que j'avais entendu ta voix quelque part. Je viens de la reconnaître rien qu'à la manière maniérée dont tu viens de prononcer mon nom. Allons, la vieille, bas le masque ! t'es mame Théophraste Carnaud, épouse de m'sieu Théophraste Carnaud, ex-négociant, ex-huissier, ex-marchand de contre-marques, actuellement sans profession déterminée...

— Eh bien! oui, dit le page d'un ton larmoyant, et j'ai pensé que tu ne me refuserais pas une petite avance sur notre héritage commun... tu sais...

— Bah! qui nous dit que nous l'aurons? Si tu n'as pas d'autres garanties...

— J'ai toujours mon hôtel.

— Ton méchant *garni* de deux sous, petite rue du Bac?

— Un *garni* de deux sous! s'écria le page indigné, et un mobilier de quinze cents francs avec... ça vaut-il deux sous aussi?

— Avec ça que tu l'as payé, hein? Tu le dois encore...

— Qu'est-ce que ça fait?

— Ça fait, ma fille, que si je me risquais avec toi, ce ne serait pas de beaucoup... Combien te faudrait-il?

— Oh! une misère.... trois mille francs.

— Tarare! va les chercher ailleurs. Est-ce que j'ai trois mille francs, moi? C'est encore j'en suis sûr pour payer les dettes de ton gueux de mari?

— C'est pour l'empêcher d'aller au bagne.

— Ah! eh bien! laisse-le aller...

— Tu ne veux donc pas?

— Je ne peux.

— Pourtant, si je te remboursais quatre tre mille francs?

— Non.

— Cinq mille?

— Non.

— Six mille?

Et l'accent du page était suppliant.

Mais en ce moment, une heure du matin sonna à l'horloge du foyer, et le domino marron s'écria :

— Que le diable t'emporte ! On m'attend dans le passage.

— Anastase ! par grâce... continua le page en joignant les mains...

— C'est bon, c'est bon ! viens demain matin et nous verrons.

Et il s'en alla en murmurant :

— Ça m'étonnait tout de même qu'on m'écrivît une lettre anonyme pour me donner un rendez-vous d'amour...

Lorsqu'il fut seul, le page poussa un soupir.

— Vieille canaille ! murmura-t-il, comment ai-je pu aimer jadis cet homme-là !

Puis, au bout d'une minute de rêverie

pénible, et comme passant à un autre ordre d'idées :

— Qui diable a pu m'écrire ça :

« Cette nuit, deux heures et demie, au coin du boulevard et de la rue Lepelletier. Vous porterez un nœud de ruban bleu-clair sur l'épaule gauche. On vous dira ces mots : *Mil huit cent vingt, quatorze septembre.* »

— Bah ! fit-il, allons-y... qui sait ?

Les fils de l'intrigue.

II.

Le domino marron que nous connaissons maintenant sous le nom d'Anastase descendit rapidement le grand escalier et gagna le passage de l'Opéra, autre lieu fréquenté des gens à rendez-vous, et où les modistes de la rue Richelieu vont attendre les commis de nouveautés déguisés en jeunes lions du boulevard.

Un domino couleur café au lait portant sur l'épaule un nœud de rubans ponceau arrivait au même instant par la galerie souterraine qui joint le passage à la rue Grange-Batelière :

— Voilà mon affaire, dit le domino marron ; et il s'avança vers le nouveau venu et dit à demi-voix : « J'attends le mot d'ordre. »

Ce *j'attends le mot d'ordre* était le mot d'ordre lui-même.

— C'est vous qu'on nomme Anastase ? demanda d'un petit ton dédaigneux le domino café au lait.

— Pour vous servir, Anastase-Claude-Xénophon Bachelet. Désirez-vous mon bras ?

— Ce n'est pas la peine, répondit avec un certain dégoût le domino café au lait. Vous avez été acquitté devant la cour d'assises de Rouen en 1834, après avoir été accusé d'assassinat sur la personne de Jeannon Maclou, cuisinière de feue madame la baronne de Kerbrie?

— Bah! fit le domino avec une certaine appréhension; d'où savez-vous cela?

— Vous étiez accusé en outre, poursuivit le domino sans daigner répondre à l'interrogation d'Anastase, vous étiez accusé d'avoir fabriqué un faux testament en votre faveur; mais l'instruction dévoila l'authenticité du testament, et les débats prouvèrent votre innocence sur le chef d'assassinat. Vous pûtes fournir un alibi. Ce fut un valet de ferme du nom d'Yvon qui fut reconnu coupable et condamné à vingt années de travaux forcés ; mais il n'a point achevé sa peine, il est parvenu à s'évader et a disparu.

— Ah çà, mais, s'écria Anastase-Claude-Xénophon Bachelet, qu'est-ce que vous venez donc me chanter avec ces rapsodies?

— Vous êtes un impertinent, et vous oubliez, en prenant un pareil ton, que vous parlez à une femme, fit le domino avec hauteur. Taisez-vous et écoutez-moi : la justice humaine se trompe souvent, et elle se trompa en cette circonstance, car c'était bien vous et non ce pauvre diable qui aviez assassiné Jeannon Maclou.

— Ça n'est pas vrai !

— Taisez-vous ! vous corrompîtes la maîtresse d'Yvon, chez laquelle il se rendait chaque soir; elle vint témoigner qu'au lieu d'Yvon c'était vous qui aviez passé chez elle la nuit pendant laquelle le crime fut commis ; et comme depuis la mort de la baronne, Jeannon Maclou, vous et Yvon, habitiez seuls le château, il fut prouvé qu'Yvon était coupable...

Anastase recula épouvanté et attacha un regard profond sur le domino.

— Mais qui êtes-vous donc, vous qui savez ces choses-là ? demanda-t-il avec anxiété.

— Quelqu'un qui tient dans ses mains les preuves de l'innocence d'Yvon et de votre culpabilité, et qui peut vous perdre si vous refusez de lui obéir moyennant salaire...

— Et... que faut-il faire ? demanda Anastase à voix basse.

— Vous présenter, pour le savoir, demain à quatre heures, vêtu en laquais, à l'hôtel de Willermez, rue de Lille, 160, où vous demanderez à me parler.

Le domino café au lait fit de la main un geste impérieux de congé au Bas-Normand, qui s'inclina jusqu'à terre et s'en alla par le couloir qui va du passage au péristyle du théâtre.

Le domino sortit à son tour du passage, et, arrivé sur le trottoir du boulevard, il le suivit jusqu'au coin de la rue Lepelletier. Là attendait le page de notre connaissance.

Le domino prit le page sous le bras avec assez de sans-façon et lui dit :

— Voulez-vous sauver votre mari du bagne?

Le page tressaillit.

— Voulez-vous en outre ne point perdre un petit héritage qui doit vous échoir dans trois mois?

— Mais, mon Dieu! demanda le page interdit, que voulez-vous de moi et que faut-il faire?

— Vous présenter demain, rue de Lille, 160, chez madame de Willermez, à quatre heures du soir.

— J'irai, dit le page.

Le domino tourna sur les talons, rentra dans le bal et monta au foyer où se promenait de long en large un gros homme à face épanouie qui avait négligé de déguiser son abdomen énorme sous les plis d'un domino, et se trouvait mis en *pékin*, c'est-à-dire en habit noir et gilet blanc.

— Monsieur le baron Karnieuc? dit une voix derrière lui.

Il se retourna et aperçut le domino café au lait:

— M'accordez-vous un moment d'entretien? demanda le domino d'une voix câline.

Pour toute réponse, le gros homme offrit son bras assez gauchement en riant d'un rire épais, comme un rustre à qui tombe une bonne fortune inattendue.

— *Kerbrie*, dit mystérieusement le domino.

Le baron Karnieuc, à ce nom, fronça le sourcil.

— Ah! c'est donc vous, dit-il, qui m'avez écrit?

— Présisément.

— Et vous me voulez?..

— Je veux, mon cher baron, vous dire quelques mots touchant une certaine nuit sombre et orageuse où vous cheminiez à pas de loup, une lanterne sourde à la main, dans les corridors déserts d'un vieux manoir et où, arrivé à une vaste et froide pièce, vous vous armâtes d'une pince et d'une lime et fîtes sauter le couvercle d'un coffre-fort qui renfermait certains papiers importants et quelque chose comme cent mille livres en bons du Trésor, napoléons et pièces de cinq francs.

A cette brusque confidence, M. le baron Karnieuc pâlit affreusement et regarda le domino d'un air effaré.

— Cela, continua celui-ci, pourrait bien vous mener en cour d'assises, pour peu qu'on eût une ombre de preuve, mais je tiens à vous compter de mes amis, et je vous prierais de me venir voir demain vers cinq heures et accepter mon dîner. Nous causerons des moyens à prendre pour prévenir... Vous me comprenez...

— Mais qui êtes-vous? demanda le baron.

— Prenez cet éventail, dit le domino, mon nom et mon adresse sont dessus.

Et le domino quitta le foyer. Comme il rentrait dans le bal, il aperçut, assis sur le rebord d'une loge d'avant-scène, un jeune homme au teint pâle et aux cheveux bruns qui avait rejeté en arrière le capuchon de son domino bleu.

Ce jeune homme avait un triste et spirituel sourire, aux lèvres — un sourire tenant le milieu entre celui d'Obermann et celui de Byron.

Il suivait d'un œil rêveur les mille replis du galop, balançant parfois sa tête en arrière, semblant accompagner les mélodies de l'orchestre, et parfois passant la main sur son front avec un geste d'impatience, comme s'il eût voulu en chasser un pénible souvenir ou une obsédante vision.

En le voyant, le domino café au lait se jeta derrière une colonne et le considéra attentivement; puis, comme soudain le jeune homme se leva brusquement, quitta sa place et sortit de la salle, il sortit derrière lui et le suivit.

Treize à table.

III.

Il était trois heures du matin.

Dans un de ces restaurants à la mode du boulevard Italien, où la fashion élit domicile et lieu de victuaille, et que certaines considérations historiques relatives à notre récit nous obligent à ne pas désigner d'une manière moins vague, — il y avait à cette époque un petit salon à la turque tendu en velours grenat et n'ayant d'autres meubles que de larges divans qui en faisaient le tour, des piles de coussins et une table toujours chargée à deux heures du matin des mets les plus exquis et des vins des meilleurs crus.

Le salon grenat, ainsi le nommait-on, était le rendez-vous des plus frénétiques danseurs des deux sexes. On s'y rencontrait sans se connaître, et l'on y soupait joyeusement oubliant d'échanger ses noms. Ce jour-là, par un effet du hasard, la table était au complet. Six ou sept femmes travesties en pages, en dominos et en débardeurs, et tout autant d'hommes aux costumes encore plus variés, étaient à demi couchés sur le divan circulaire. Les femmes conservaient leur loup de velours et de dentelle, et quelques hommes avaient eu la fantaisie de garder leur faux nez. A côté d'un domino bleu se trouvait un pierrot blanc, à côté du pierrot blanc un mousquetaire rouge, puis un hussard de la garde impériale, un docteur du temps de Molière, un mignon d'Henri III, un puritain d'Écosse, etc.

Tout cela riait d'un rire poli, buvait avec des façons aristocratiques et soutenait le feu croisé de cette causerie pétillante, gauloise, animée, qui naît au fond des bouteilles champenoises et jaillit avec la vivacité impétueuse des bouchons sautant au plancher.

Soudain un des convives s'écria, après avoir jeté un coup d'œil au cordon des soupeurs qui courait en feston bariolé à l'entour de la table :

— Dieu me damne! nous sommes treize!

— Allons donc!

— Voyez!

Et chacun aussitôt de vérifier le fait et de compter ses compagnons.

— C'est vrai, murmura un jeune page du temps de Charles VI, qui, représentant le moyen-âge, devait, par conséquent, en soutenir les superstitions, — un de nous mourra bien certainement dans l'année.

— Il faut aller chercher un quatorzième convive.

— Oui, oui, répéta-t-on à la ronde.

— C'est fort inutile, répondit le mousquetaire rouge, nous avons presque fini : il fallait y prendre garde plus tôt.

— Je ne crois pas à cette tradition, du reste, exclama d'une voix flûtée un abbé sceptique qui semblait sortir du boudoir de madame de Pompadour.

— Ni moi non plus, assurément, ajouta un débardeur.

— Au reste, fit le docteur, nous pouvons nous rassurer, car la croyance est ainsi établie : *Dans l'année ou dans les sept ans* ! Je penche pour les sept ans, et avouez que pour nous, viveurs éphémères, sept ans font presque un siècle.

— Aussi bien, s'écria le mameluck, je propose une chose.

— Voyons la chose.

— Nous allons nous donner rendez-vous ici pour l'année prochaine, à jour et heure fixes.

— Très-bien !

— Si nous sommes au complet, nous nous donnerons un nouveau rendez-vous pour six ans après.

— Soit! fit le domino bleu, dans sept ans, mais je ne sais pas ce qui me dit que je manquerai au rendez-vous, si je ne suis absent déjà à celui de l'année prochaine.

— Ah! ah! s'écria-t-on à la ronde, en voici un qui a peur!

— Peur! non. Mais un pressentiment, oui.

— Et pourquoi, s'il vous plaît?

— Diable! mes amis, ce que vous me demandez-là est très-difficile à dire, d'autant que c'est mon histoire tout entière.

— Dites toujours.

— Eh bien! j'ai peur de mourir et avant qu'il soit peu... parce que...

— Parce que?... insista-t-on.

— Parce que je suis amoureux!

Un éclat de rire railleur courut à la ronde.

— Allons donc! s'écria-t-on, est-ce qu'on meurt d'amour?

— Est-ce qu'on se suicide pour une femme?

— Hélas! non, dit un page, les hommes ne sont plus polis aujourd'hui.

— Qui parle de se suicider? reprit le domino bleu. Je n'en ai jamais eu l'intention, je suis plus brave que cela.

— Alors vous comptez mourir de consomption?

— Écoutez, continua le domino bleu, — il y a deux sortes d'amoureux : ceux qui aiment en niais, pleurent, se désolent, accusent le ciel et la terre de leur martyre, parlent sans cesse de mourir, portent jour et nuit un poignard sous leurs habits, et deviennent le plus souvent octogénaires. Quand ils se tuent réellement, c'est moins pour terminer des souffrances à peu près fictives que pour clore leur épopée bourgeoise par un article nécrologique qui popularisera pour un jour leur nom dans dix journaux, le lendemain de leur décès. Amour vulgaire, mes amis, et qui ne vaut pas une goutte de ce Lacryma-christi qui brille au fond de mon verre.

Il en est un autre à présent, — celui-là est fort triste malgré sa gaieté, déchirant en dépit du cynisme dont il se cuirasse : c'est d'aimer une femme qu'on sait sans cœur et sans âme, de l'aimer en riant d'un rire qui fait mal, de garder sa tête libre quand on a le cœur broyé, de nier l'amour quand on aime, d'espérer quand on sait que l'espoir est une dérision, — de se tordre, une heure, sous l'étreinte d'une agonie prévue, et de se redresser ensuite pour raisonner son mal et l'analyser, — de souffrir sans avoir le vulgaire soulagement des larmes, de rire quand on souffre, et de venir ici boire et danser toute une nuit afin de poser sur sa plaie béante un baume composé de vin de Champagne et de perdreaux truffés.

— L'amour trivial, l'amour qui court les rues, s'abrutit et perd conscience de sa valeur et de lui-même : mais l'amour qui frappe le cœur sans étourdir la tête est un mal sans remède. Aimer et rester homme d'esprit, c'est la mort lente et sûre, la décomposition du corps et du cœur par l'analyse du cerveau.

— Moi, j'aime ainsi...

Le domino se tut, et ses convives, rieurs et railleurs naguère, semblèrent profondément remués par cette sortie imprévue qui plaçait la causerie sur un terrain presque dramatique.

— Maintenant, reprit-il, tenez-vous encore à savoir mon histoire?

— Plus que jamais ! Parlez ! parlez !

— Au fait, je ne l'ai jamais racontée, et je profite volontiers de l'occasion. Tranquillisez-vous du reste, je serai court et j'éviterai d'être lamentable, à l'exemple de ces héros des anciens racontant les malheurs de Troie et pleurant à chaudes larmes à travers les vingt-quatre chants d'un poème.

Laurence.

IV.

Je suis né je ne sais où, dans l'Inde probablement, car mes souvenirs d'enfance se rattachent à de grandes forêts peuplées de tigres et d'hommes à figures noires ou bronzées.

J'ai une vague image de ma mère et d'une jeune sœur, avec laquelle je jouais. Quant à mon père, son visage n'est point resté dans ma mémoire.

Un jour, ma famille s'embarqua ; peu après une tempête assaillit le navire ; je me souviens du bruit des vents dans les agrès et des éclairs traversant la nuit épaisse qui nous enveloppait.

Le navire se brisa, sans nul doute, sur un écueil, car mon père me prit dans ses bras et s'élança à la mer ; la fraîcheur de l'eau me fit évanouir ; quand je revins à moi, j'étais couché sur le pont d'un autre navire et entouré de visages inconnus.

C'était un vaisseau de l'État de la marine française qui m'avait recueilli par un hasard étrange. On avait aperçu un tonneau flottant à la surface des vagues : j'étais dedans.

J'ai toujours présumé que mon père, désespérant de gagner quelque point de sauvetage, m'avait abandonné ainsi à la merci de la Providence. J'avais alors environ cinq ans, je ne savais pas le nom de mon père, l'idiôme créole était la seule langue que je parlasse couramment, et je ne pus donner aucun renseignement utile qui permît de savoir qui j'étais et ce qu'il fallait faire de moi. L'équipage m'adopta. Un pauvre enseigne m'apprit les mathématiques ; à huit ans j'étais mousse, à onze matelot, à seize admis à l'école navale, et j'en sortais deux ans après avec l'aiguillette d'aspirant.

Voilà l'histoire de ma vie, maintenant écoutez celle de mon amour.

Un jour, j'étais à bord d'une corvette de guerre qui partait pour la France, dans la rade de Pondichéry.

Une heure avant l'appareillage, un vieillard et une jeune femme arrivèrent comme passagers.

Le vieillard était un général espagnol qui avait quitté son pays quelques années auparavant, était venu se fixer d'abord aux Indes, et partait enfin pour la France, parce que cette jeune femme, qui était la sienne, et qu'il avait épousée six mois auparavant, était d'origine française, et devait, du chef de son père, y recueillir un héritage.

Ce vieillard se mourait, miné d'un mal inconnu.

Cette jeune femme au contraire, rayonnait de beauté, de grâce, d'esprit.

Au premier aspect, c'était simplement une jolie femme. Quand on l'avait envisagée une heure, quand on avait étudié les lignes sévères de son visage, son front pâle, son grand œil noir brillant comme une escarboucle ; quand on avait jeté les yeux sur ses admirable mains aux doigts longs, effilés, aux ongles d'une corne rosée et transparente ; quand on avait vu glisser un sourire railleur et presque satanique sur sa bouche d'une fraîcheur extrême ; quand, enfin, cette femme vous apparaissait dans toute sa majesté froide et sceptique, le front sérieux et la lèvre moqueuse, on se sentait le frisson au cœur ; un trouble inconnu vous prenait ; on avait les tempes baignées de sueur ; on tremblait ; on évitait son regard ; on l'aimait !

Tel fut l'effet que la vue de cette femme produisit sur moi, j'eus le vertige, je devins fou.

Dès lors, pendant les six mois que dura la traversée, je fus en proie à mille tortures, à toutes les angoisses de l'amour, mêlées aux souffrances aiguës de la jalousie, — je suivais et je fuyais cette femme, —je la redoutais et je l'aimais... Elle m'adressait rarement la parole; quand elle le faisait, c'était en termes presque affectueux; mais je ne sais pourquoi cette douceur de langage me causait une sourde irritation; il me semblait que l'ironie perçait au travers de ses paroles, qu'elle comprenait que je l'aimais, et qu'elle se réjouissait de me voir souffrir.

Nous étions à la hauteur de Sainte-Hélène lorsque son mari mourut. On le trouva un matin sans vie dans sa cabine. Il avait succombé durant la nuit à ce mal inconnu que le docteur du bord, après une autopsie minutieuse, déclara être une décomposition des entrailles dont il était impossible de déterminer la cause.

Elle versa quelques larmes bien sèches,

s'enferma un jour ou deux, puis reparut toujours froide et calme, silencieuse d'ordinaire et son sourire infernal sur les lèvres.

Il m'est impossible, à quatre années de distance, de préciser toutes les sensations, toutes les émotions étranges auxquelles je je fus en proie pendant ces six mois; mais ce dont je me souviens, c'est que, débarquée à Brest, elle partit pour Paris; elle devait s'y fixer.

Deux jours après, j'avais donné ma démission, je courais sur la route de ce même Paris, j'arrivais comme un fou à la porte de son hôtel et m'allais jeter à ses genoux en lui disant :

— Vous le savez bien... je vous aimais... vous êtes partie, je suis parti aussi, car là où vous n'êtes pas il m'est impossible de vivre. Je suis venu ici parce que vous y êtes... laissez-moi y rester, respirer l'air que vous respirez, m'enivrer de l'atmosphère qui vous entoure... que m'importe tout le reste!

Elle m'écoutait en souriant, mais d'un sourire bienveillant, ami, plein d'espoir; et moi je lui racontais mes souffrances, mes joies, mes rêves... Quand j'eus finis, elle reprit son sourire d'enfer et me dit:

—Que comptez-vous faire à Paris? Comment vivrez-vous? C'était me précipiter de la région nuageuse où je m'étais placé sur ce pavé parisien, si dur pour la jeunesse et la pauvreté.

J'étais bon à tout, et je n'étais bon à rien. L'amour développa en moi le germe d'un talent encore non soupçonné: j'embrassai la carrière littéraire.

C'était insensé, mais que voulez-vous?

il n'y a guère que de semblables choses qui réussissent!

Je passai deux mois sans la revoir; au bout de ce temps j'avais trouvé un pénible labeur qui me donnait presque de quoi vivre; je tenais des livres chez un marchand de vins en gros, pendant le jour;— la nuit j'écrivais.

On a conté cent fois cette lamentable histoire du jeune écrivain aux prises avec la misère, la médiocrité insolente et jalouse, les difficultés du métier, le découragement, la solitude et la fièvre de la célébrité. Je ne veux pas être niais, — je ne vous la redirai donc pas; mais tandis que je luttais, — voici ce que je souffris :

Cette femme était la Sirène antique; elle semblait d'abord me plaindre pour me railler ensuite, — elle souriait à mes veilles, elle insultait à mes succès.

Je lui dédiai mon premier livre ; je l'écrivis pour elle,— je le lui envoyai, ne demandant au ciel qu'une chose : qu'elle le lût.

Trois mois après, je le trouvai sur sa table, vierge encore du couteau d'ivoire !

Je me fis exploiter longtemps par de faméliques et pressurants dramaturges, afin d'avoir le droit d'arriver seul à mon tour et de jeter à la foule frémissante ces émotions grossières, cette littérature fangeuse qui se déroule quotidiennement à la lueur des rampes du boulevard. — Elle alla me voir jouer pour disséquer mon œuvre le lendemain pièce à pièce, scène par scène, phrase par phrase, avec l'impitoyable brutalité du critique, cet *eunuque* du monde littéraire. Elle me racontait alors mon drame, et me disait avec cette politesse que la femme du monde emploie pour vous tuer :

— Cela est faux, outré, insensé !

Et comme je n'osais la contredire, je m'agenouillais à ses pieds, je baisais le bout de ses doigts et je répétais avec elle : L'œuvre de mes nuits de fièvre et d'insomnie est comme vous le dites insensée, et j'en renie la paternité !

Quand je voulais me tuer, elle m'arrêtait d'un mot, d'un geste, d'un regard, d'un sourire.

Ce sourire était une promesse, un coin de voile qui se déchirait, et me montrait l'avenir radieux...

Dérision ! Lorsque j'étais calmé, quand l'éclair de mon œil s'était éteint, la fièvre de mon front apaisée, quand elle ne craignait plus de me voir en finir d'un coup de pistolet, elle reprenait son sourire de démon :

— Je n'ai rien promis ! disait-elle.

Laurence n'est pas une femme, me suis-je dit alors bien souvent, c'est un sphinx, une énigme vivante, quelque chose d'hybride qui tient le milieu entre la chatte et le bas-bleu ; un être tout esprit et tout griffes, gracieux et souple comme la chatte, hypocrite et méchant comme elle, sans cœur et sans passion comme le bas-bleu. Puis, quand je m'étais fait ce beau raisonnement, je jurais de me tuer plutôt que de continuer à l'aimer ; je la comparais à la Phœdora de monsieur de Balzac ; je me moquais de moi-même, et riais de ma faiblesse étrange. Quand j'étais seul et à jeun, mon hilarité durait dix minutes ; — lorsque j'avais déjeuné confortablement, avalé des flots de champagne et fumé une douzaine de panetelas, elle se prolongeait une heure ou deux...

Après, ô mes amis, — riez, car cela est bien triste, — après je boutonnais cavalièrement mon habit, je chaussais des bas blancs, je brossais mon gibus et mon paletot, et je me jetais dans l'un de ces fiacres qui stationnent nuit et jour à l'entrée de la rue Olivier, près de Notre-Dame-de-Lorette ; je demeurais non loin de là.

Elle était, d'ordinaire, à demi enfouie et pelotonnée dans sa chauffeuse, balançant une pantoufle de soie au bout de son joli pied, jouant avec une grosse perruche rouge posée sur son doigt effilé, — rêvant je ne sais quoi, — et belle ainsi à désespérer même une femme.

J'entrais, elle avait pour moi un sourire sans copie, elle me tendait la main, elle me regardait à me faire mourir de joie... Alors, que voulez-vous? le monstre disparaissait, restait la femme : et j'entendais chanter au fond de mon cœur une voix qui m'eût dicté des chefs-d'œuvre, si elle eût vibré à mes oreilles pendant que je ruminais un fade chapitre de roman. Laurence avait un art merveilleux pour faire couler les heures sur les ailes de la causerie ; elle ne parlait pas, elle chantait; — elle ne chantait pas, — elle improvisait des ruisseaux de poésie. Quand elle ouvrait la bouche, je me trouvais humble et petit auprès d'elle, au point de prendre en pitié tout ce que j'avais jamais écrit.

C'était une bouteille de vin de Champagne métamorphosée en femme.

— Bravo ! s'écria le mousquetaire rouge, le mot est joli et je le retiens.

— Prenez, reprit insoucieusement le domino bleu. Quand Laurence parlait d'amour, je me demandais comment j'avais pu croire un moment qu'elle n'eût pas de cœur ; quand, loin d'elle, je réfléchissais à ce qu'elle m'avait dit, je me demandais encore comment un homme de sens comme Boileau avait pu dire :

« Et pour peindre l'amour, il faut être amoureux. »

Il était avéré pour moi que cette femme était insensible et froide comme un beau marbre antique, — et pourtant il me semblait qu'elle seule devait savoir aimer. Sa parole était brûlante, son geste animé, elle entourait parfois mon cou de son bras de neige, elle me baisait au front et sur les yeux, — et lorsque, la tête perdue, le sein gonflé, je voulais lui rendre une de ces caresses empoisonnées qui filtraient au fond de mon cœur et le torturaient, elle me repoussait soudain avec un mot, un geste, un éclat de rire qui me pétrifiaient, me faisaient tourner et pirouetter sur moi-même, étreignaient mon front, glaçaient mes tempes, brisaient ma pensée et me jetaient en une de ces extases horribles comme en éprouve l'homme qui se noie quand une main robuste le saisit par les cheveux et le lance à demi-mort sur la grève.

Un soir, je m'en souviendrai le jour de la fin du monde, un soir, c'était une fête publique, la foule passait joyeuse sous les croisées, les domestiques étaient sortis, — nous étions seuls... j'étais à ses genoux, gantant ses mains de baisers, improvisant un langage de poésie que me dictait la fièvre, riant en moi-même de pitié pour les joies les plus vantées, tant celle qui débordait de mon cœur était immense... elle avait renversé sa tête sur mes épaules, l'œil noyé de langueur, l'haleine parfumée... ses lèvres rencontrèrent les miennes... un nuage passa sur mes yeux... le croiriez-vous ? j'eus la loyauté stupide de me reculer vivement et comme épouvanté de ma hardiesse !

Je me levai, je la considérai un moment avec l'enthousiasme du vainqueur qui pardonne au vaincu ; puis je me remis à genoux, je pris ses mains dans les miennes et je lui dis :

— Que faut-il faire, madame, pour acheter assez cher cette heure que je pouvais arracher à votre faiblesse ? par quel sacrifice immense ?...

Elle m'interrompit soudain, emprisonna mes mains dans les siennes et me dit avec un sourire d'enfer :

— Regardez, je vous prie... vos ongles sont en deuil !

Le domino bleu s'arrêta. Il riait sous son masque à faire pleurer un bourreau et ses aides.

Quant aux convives, ils se regardèrent avec une stupéfaction douloureuse, et tous, un excepté, se levèrent et se précipitèrent, les mains tendues, vers le malheureux jeune homme qui faisait les honneurs de son martyre avec une gaieté si funèbrement franche.

— Eh bien ! reprit-il, croiriez-vous que la pensée ne me vint point de la tuer, et que, le lendemain, le mot, tout atroce qu'il était, me parut si joli, que je le lui enviai. Vous savez à présent ce qu'est cette femme. Croyez-vous qu'il soit besoin d'appeler le suicide à son aide? Non, n'est-ce pas? Laurence me tue tous les jours; tous les jours elle enfonce le couteau d'un cran dans mon cœur, et chaque fois que mon cœur saigne, j'ai un éclat de rire, une sorte de gaieté furieuse. Le jour où elle tombera, le jour où je ne rirai plus, mes bons amis inconnus, souvenez-vous-en bien, je serai mort. Il y a trois ans que j'use ma vie à ce jeu; c'est pour cela que je crains de n'avoir plus même une année devant moi. Aussi, hâtons-nous, si nous voulons nous revoir. Si l'année prochaine je suis ici, c'est que Laurence sera morte ou que moi-même, chose impossible, j'aurai cessé d'aimer.

— Pourquoi donc cela serait-il impossible ? demandèrent plusieurs voix.

— Parce que si Dieu permettait qu'on guérît d'un mal semblable, je deviendrais un être plus féroce peut-être que cette femme qui me roule sous sa griffe blanche et dévore mon cœur et ma jeunesse baiser par baiser, sourire par sourire.

Le domino bleu s'arrêta une fois encore, saisit son verre qu'on venait d'emplir, le vida et dit :

— Voici le jour, mon éditeur doit envoyer chez moi ce matin, à huit heures, et je n'ai pas une ligne prête. Adieu, mes amis, à l'an prochain.

— Un instant, dit le mousquetaire, il nous faut un signe de reconnaissance pour nous retrouver ici.

— C'est juste, dit le page de Charles IX; nous sommes treize, treize glands pendent à mon manteau, prenons-en un chacun.

Le page prit un poignard, coupa les glands et les distribua.

— A propos, dit le mousquetaire rouge, si vous m'en croyez, nous garderons tous là-dessus le plus profond silence; il ne faut pas que nous puissions nous reconnaître dans le monde.

— C'est dit.

— Alors dans un an ou dans sept, ajouta le pierrot blanc en élevant son verre. Je bois à la santé du TREIZIÈME!

Et tous se levèrent, répétèrent le toast, puis sortirent pêle-mêle du salon grenat et descendirent sur le boulevard où ils se séparèrent.

Là le domino brun femelle, qui seul avait écouté sans émotion cette étrange histoire d'amour, s'approcha du domino bleu, le saisit doucement par le bras, et, dardant sur lui, à travers son loup, un regard de feu, lui dit :

— Vous vous êtes trompé, — Laurence a un cœur.

A cette voix mystérieuse et voilée par le masque, le jeune poète tressaillit :

— Qui êtes-vous, dit-il, et qu'en savez-vous ?

— Je le sais.

— Et la preuve, donnez-m'en la preuve ! continua-t-il avec un accent impossible à décrire, tant il avait d'énergie et d'héroïque souffrance.

Le domino brun hésita...

— Mais parlez donc ! s'écria-t-il avec angoisse.

En ce moment un fiacre s'arrêtait auprès d'eux, — le domino brun arracha vivement son masque et dit :

— Voyez mes larmes !

Le poète poussa un cri et chancela, — le domino brun se jeta dans le fiacre qui s'éloigna rapidement, — et, lorsqu'il fut seul, le poète murmura :

— Pourquoi donc Dieu a-t-il fait la femme ?

La clé de l'énigme.

IV.

Le domino bleu déroula son manteau, le rejeta sur son épaule, alluma un cigare à la lanterne d'un chiffonnier qui passait et remonta le boulevard à petits pas et tout pensif.

Arrivé à la hauteur du café Cardinal, il prit la rue Grange-Batelière, descendit le faubourg Montmartre et gagna la rue de La Bruyère, où il s'arrêta devant une de ces maisons neuves qui étalent au quatrième étage une terrasse coquettement parée de vases et de caisses de fleurs. C'était là qu'il demeurait.

Les poètes ont horreur des premiers étages, ils s'aventurent rarement au troisième et préfèrent le quatrième. d'ordinaire Est-ce économie ? Mon Dieu ! non. Les poètes ne font pas d'économies ; mais ils ont de l'air à pleins poumons, souvent une terrasse pour fumer leur cigare, et presque toujours une vue espacée lorsqu'ils vont se loger sur les hauteurs de cette montagne de folie et de perdition, l'épouvantail des pères de province, la rivale des marais de la Boule-Rouge, véritable pépinière de pieds mignons, d'yeux noirs ou bleus, de tailles nonchalantes se balançant au froufrou lascif des robes de soie : la montagne Bréda, puisqu'il faut l'appeler par son nom, et qui rachète le décolleté de ses mœurs intimes par une bonne et franche gaieté, des maisons coquettes et propres comme des jouets d'enfants, de l'air, du soleil, et des rues où le trottoir n'est plus un mythe ainsi que dans cet affreux capharnaum commercial, qui s'étend de la rue du Mail à la Halle, et où, dès deux heures du matin, le bruit étourdissant des maraîchers et des marchandes de pommes vous force à divorcer avec votre oreiller.

Le domino bleu *perchait* au quatrième. Qu'on nous pardonne la vulgaire, mais pittoresque expression. Son logement était celui d'un garçon et se composait simplement de trois pièces, — un salon, une chambre à coucher et un cabinet de travail; — tout cela ouvrant sur un large balcon, véritable parterre en miniature durant l'été, et au milieu duquel les haleines tièdes et précoces des premiers jours de soleil que mars nous ramène avaient fait éclore déjà quelques primevères aventureuses. Ce petit réduit était meublé avec goût et recherche. Pas de luxe grossier, pas de dorures lourdes, de plâtres coloriés, de couleurs voyantes. L'acajou des lorettes et le palissandre des bourgeoises enrichies n'y brillaient que par leur absence : en revanche l'ébène et le chêne sculpté s'y alternaient à ravir. Dans le salon un bloc de marbre noir et des flambeaux à la manière de Benvenuto remplaçaient la pendule en zinc doré que les modistes étalent sur leur cheminée de velours grenat et les candélabres ou les vases de mauvais goût qui l'accompagnaient d'ordinaire. Au milieu, un guéridon d'ébène; dans un trumeau de fenêtres une glace à cadre de noyer sculpté ; en face un de ces meubles imposants, sévères, beaux comme toute œuvre d'art qui sort de mains habiles et que nos pères fouillaient et taillaient en plein bois : — un bahut colossal qui rappelait le règne de François Ier et qui était né six mois auparavant en un coin du boulevard Beaumarchais, sous l'obéissant et énergique ciseau de Poulain et Grégoire.

Vis-à-vis le bahut, un divan turc en velours noir.

Puis des chaises et des fauteils de même étoffe, à clous dorés et en chêne noirci.

Dans les encoignures, sur le fronton des meubles, aux deux côtés de la cheminée quelques bronzes de valeur ; près des bronzes, des tableaux de prix : une marine de Gudin, un intérieur de Meissonnier, le portrait du maître du logis, signé par Lehman ; un croquis de Müller, un délicieux paysage de cette ravissante artiste qu'on nomme Rosa Bonheur, et une esquisse de Desbarolles, le peintre cosmopolite.

La chambre à coucher ressemblait à peu près à toutes les chambres à coucher, si ce n'est que le lit était dans le style de la renaissance avec baldaquin et colonnes torses.

Quant au cabinet de travail, il était bizarrement et poétiquement disposé. Ici, point de style, point d'époque, pas de caractère, mais une échantillon de toutes les époques et de tous les styles ; un second divan à la turque décrivant une ellipse ; un escabeau moyen-âge, un fauteuil Louis XV, une chaise empire et une ganache Louis-Philippe. Puis une panoplie de sabres, d'épées, de pistolets, de fusils, un composé de toutes sortes d'armes anciennes ou modernes, qui eût fait envie à un antiquaire ; sur une étagère de citronnier, quelques livres ; sur une table de travail, des feuillets épars, un volume ouvert, une pipe oubliée...

Le domino bleu entra dans cette dernière pièce, se débarrassa de son manteau et de son costume, revêtit une robe de chambre de couleur sombre, se laissa tomber sur le divan et enfouit dans les coussins sa pâle et mélancolique figure.

Alors on eût pu entendre comme une respiration oppressée, un battement de cœur causé par une émotion violente ; et celui qui eût été caché dans les plis d'un rideau voisin aurait sans nul doute distingué ces mots qui sortirent entrecoupés de la bouche du jeune hommes :

— Après le rire... les larmes...

Il pleurait...

Cinq heures après, vers midi, le groom du poète, à qui il avait donné congé pour la nuit précédente, entra dans le cabinet, trouva son maître au travail et lui remit une lettre qui venait d'arriver et dont voici le contenu :

« Fou que vous êtes ! je n'ai, dites-vous, ni cœur ni âme, je vous tue à plaisir et baiser par baiser. Chacun de mes sourires est une goutte de poison, et je tiens le milieu entre le bas-bleu et la chatte ! Voilà, en quelques lignes, tout votre bagage littéraire, tout votre argot de romancier et de dramaturge du boulevard, greffé sur un peu d'imagination, beaucoup d'ivresse et une plus forte dose peut-être de ce joli vice qu'on nomme vanité. Vous souffrez, je veux le croire ; mais avouez que dans l'exposé de vos théories tourmentées, votre amour-propre a su trouver son compte? D'abord, vous m'avez peinte sous des couleurs fort séduisantes, ce qui est une satisfaction et une excuse en même temps, — satisfaction pour votre vanité, excuse des plus valables pour enchaîner, comme vous le dites si bien, un homme d'esprit. — Ensuite, — vous avez eu le soin d'avertir votre auditoire que vous étiez romancier, partant homme distingué, et malgré tout amoureux. Ce qui signifiait, clair comme le jour, que vous n'étiez pas un de ces hommes vulgaires qui se jettent tête baissée, à la suite d'une femme, résignés d'avance à n'apercevoir en elle que des vertus, des perfections et des qualités. Fi donc! la femme que vous aimez est sans cœur, vous le savez ; elle a le germe de tous les vices, vous le savez encore ; — mais vous l'aimez ! vous l'aimez en dépit de tout et quand même, — c'est une fatalité dans votre vie, et cela vous donne quelque chose de byronien et de satanique, d'un merveilleux effet au milieu d'un souper d'Opéra.

Vous le voyez, cher, je vous dépouille sans pitié de ce manteau de résignation spirituellement héroïque qui vous drapait si bien, — je vous ramène à un point de départ moins poétique, hélas! mais plus vrai. Il est fâcheux qu'à l'ouverture de ma lettre, vous ne sachiez où retrouver vos convives de cette nuit ; car vous leur liriez ce passage comme une preuve nouvelle de ma ténacité à *retourner le couteau dans la plaie.* — N'est-ce pas ainsi qu'on dit à l'Ambigu?

Maintenant, pauvre ami, faisons la paix et causons. Vous m'aimez, je le sais; vous prétendez que je ne vous aime pas : voilà ce que ni vous ni moi ne savons aussi bien. Je m'étais juré pourtant de jouer jusqu'au bout mon rôle de sphinx, mais je ne le puis, malgré mon insensibilité de *beau marbre antique,* et je vais vous faire une *confidence* : Je suis veuve, j'ai vingt-six ans, un nom, une fortune ; c'est vous dire que je ne puis être la maîtresse de personne ni la femme de tout le monde. L'homme à qui je donnerai ma main doit avoir, à défaut de fortune, une position; à défaut d'un titre, — un nom célèbre. O pauvre romancier, habile anatomiste du cœur humain qui faites métier d'étudier la vie, de peindre les mœurs, les tendances, les passions de la société, vous n'aviez donc pas entrevu, deviné mon but? Me voilà forcée, pardonnez-le-moi, d'avoir un de ces éclats de rire empoisonnés dont vous vous êtes fait l'historien.

Vous souvient-il, mon beau poëte aux bruns cheveux, vous souvient-il du jour où, pour la première fois, nous nous rencontrâmes? C'était sur le pont d'un navire, à trois mille lieues de la France. Comme l'hirondelle, je traversais les mers, mais comme elle je ne devais pas revenir au printemps qui suivrait. Vous étiez, vous, un élève de marine ne connaissant du monde que la vie et les habitudes du bord, enchaîné, par cette volonté inflexible qui a nom discipline, à un assemblage d'hommes, de cordages, de planches et d'eau. N'existait-il pas alors entre nous une barrière infranchissable? Et n'était-ce point folie de songer que nous pourrions un jour nous aimer? Pourtant vous m'avez suivie, renonçant à votre carrière, pourtant vous avez lutté pendant trois ans pour sortir du milieu de cette plèbe littéraire suffisante et médiocre, vaniteuse et nulle, qui remplit à ravir les fonctions de Cerbère à toutes les portes où frappe la jeunesse franche, rieuse et pleine d'avenir. Là, où d'autres attendent longtemps, vous êtes entré d'un seul bond, en quelques mois votre place était prise, et, cette place prise, vous avez marché rapidement. Aujourd'hui, vous êtes ce qu'on nomme un *faiseur*, c'est-à-dire un romancier qui publie en même temps trois feuilletons et fait répéter deux drames au boulevard, un homme qui escompte en sacs de mille francs ses veilles hâtives, et qui commence par faire sa fortune avant de songer à sa réputation.

— Eh bien! pauvre cher, vous me devez cela, tout cela, convenez-en, et tordez, une heure, le col à votre orgueil. Que ne fait-on et que ne doit-on faire pour un sourire de la femme aimée? Si j'avais essuyé vos larmes, vous eussiez pris plaisir à pleurer et vous ramperiez encore dans l'ombre : le bonheur tue l'esprit, la douleur le féféconde : ingrat! voyez si je n'ai pas de cœur...

Maintenant, écoutez-moi bien, vous avez secoué la misère, il faut vous arrêter. L'art, ami, l'art vrai, ce type de l'éternelle beauté, ne naît point au milieu d'une nuit unique de fièvre, il est lent à venir et il lui faut ses aises. Pour lui le temps et l'espace, la rêverie nonchalante et le sillon pénible du burin, — mais à lui la durée éternelle, à lui la vie qui ne meurt pas. Vous êtes poète, ne soyez plus dramaturge, soyez artiste. Ce jour-là, — pauvre blasé naïf, dites encore que je suis le *sphinx antique*; — ce jour-là... je vous abandonnerai la clé de l'énigme. »

Cette lettre ne renfermait aucun nom propre et n'avait pas de signature; — mais le poète se laissa tomber à genoux et murmura :

— Laurence... ange méconnu... pardon !

La première trame.

VI.

Le mercredi des Cendres de l'année 1840, à quatre heures de relevée environ, rue de Lille, madame la baronne de Willermez était au coin de son feu, son pied mignonnement cambré posé sur les tritons de cuivre du foyer, sa belle main blanche jouant avec les longues soies d'une petite épagneule anglaise. Elle était vêtue d'une robe de chambre en velours orangé, une toque de même étoffe couvrait à demi sa chevelure luxuriante, elle balançait négligemment au bout de son pied une pantoufle de soie cramoisie, et fumait une de ces roses cigarettes de Cuba que nos lionnes d'il y a dix ans venaient d'adopter avec enthousiasme. Pour qui avait assisté, la nuit du mardi-gras, au souper des treize convives dans le salon grenat, et voyait ensuite madame de Willermez, il était aisé de reconnaître dans cette dernière la femme dépeinte sous le nom de Laurence par le domino bleu.

Mais, au moment où nous la retrouvons, madame de Willermez ou Laurence, si vous le préférez, avait laissé fuir de ses lèvres roses et minces le *sourire infernal* que vous savez; son œil interrogeait la pendule avec une certaine impatience, et son front se plissait de temps à autre sous l'étreinte d'une idée impérieuse et fixe. Le domino bleu avait dit vrai, — il y avait quelque chose de satanique dans l'ensemble de cette femme frêle et blanche ; — sa tête un peu pâle, son regard profond et froid auraient plu à Machiavel.

Auprès d'elle était un guéridon supportant du papier et des plumes ; elle venait sans doute d'écrire.

Quatre heures sonnèrent.

Au même instant, un nègre entra dans le boudoir et vint dire quelques mots à sa maîtresse dans cet idiome créole des mers indiennes à la fois nonchalant et vif comme les hommes qui le parlent.

Ce nègre était un grand vieillard d'au

moins soixante ans en apparence, si l'on prenait garde à ses cheveux blancs, à ses moustaches grisonnantes et à son dos voûté.

Sur un signe de la baronne, il se retira, et introduisit peu après un homme d'environ cinquante-cinq ans, à l'expression de physionomie basse et cupide, à l'œil méchant et torve, mais pétillant d'intelligence, — aux doigts longs, crochus, et cependant garnis d'ongles ignobles, — un homme enfin qui portait, avec une insolente aisance, la défroque de la valetaille.

Cet homme se tint, le chapeau à la main, un sourire respectueusement moqueur aux lèvres, à l'entrée du boudoir, dont le nègre referma la porte en se retirant.

Madame de Willermez se tourna alors vers lui :

— Vous êtes exact, dit-elle; c'est une garantie pour l'avenir.

— Je suis aux ordres de madame, fit le faux laquais en s'inclinant.

— On voit que vous avez été valet autrefois, poursuivit la jeune femme ; vous savez en porter l'habit.

— Je sais porter tous les habits, au besoin, répondit Anastase-Xénophon Bachelet; et si madame daignait me prier à dîner et me permettre d'y venir en toilette de cérémonie...

— Pour aujourd'hui vous me servirez à table.

Le Normand se mordit les lèvres.

— Est-ce que madame veut me prendre à son service ? demanda-t-il en ricanant.

— Non, mais je donne à dîner à une de vos anciennes connaissances, M. le baron Karnieuc...

— Peste ! s'écria le rustre, oubliant sa livrée pour reprendre un ton d'estaminet, M. le baron, rien que ça de blason... et pas cher ! Dame ! aussi, il est *calé*, lui ; je ne sais pas ce qu'il a fait, mais en attendant il est baron, membre de toutes les sociétés philanthropiques, humanitaires et de bienfaisance ; il a voiture, chevaux, laquais et commis... Môssieu fait la banque...

— Comme vous l'usure. Or, comme nous avons à causer tous les trois de choses trop importantes pour mettre mes gens dans le secret, vous daignerez bien les remplacer pour une heure. Maintenant écoutez-moi : êtes-vous homme à faire le bien ?

— Jamais, le bien ne se paye pas.

— Et le mal ?

— Toujours, quand on le paye cher.

— On vous payera. Pouvez-vous quitter Paris?

— Si cela me plaît, oui.

— Que cela vous plaise ou non, peu importe !

— Ah çà, mais, fit maître Anastase, savez-vous que vous me parlez un peu plus impérieusement qu'à un véritable laquais?

— C'est tout simple, interrompit ingénument madame de Willermez, — mes laquais peuvent me quitter et demander leur compte, et je ne puis rien sur eux hors de chez moi, tandis que vous...

— Tandis que moi?...

Et il y avait dans l'articulation de ces trois mots une anxiété réelle.

— Tandis que vous, je puis vous atteindre et vous dominer partout, car j'ai dans les mains des preuves suffisantes pour vous mettre en relations avec le bourreau.

Anastase frissonna et ne répondit point.

— Vous partirez donc ce soir pour Marseille. Allez sur-le-champ faire vos préparatifs, arrêtez une place dans la malle-poste, et revenez ici à six heures précises avec l'habit que vous portez.

Madame de Willermez indiqua d'un geste froid et digne la porte à maître Anastase, qui sortit en saluant jusqu'à terre.

Quelques minutes après son départ, on annonça madame Carnaud.

C'était une grosse mère affligée de cet embonpoint qu'amène la deuxième jeunesse, — mise avec une recherche de mauvais goût et bariolée de couleurs éclatantes comme une perruche qui prend du ventre. Un écolier en vacances, un commis imberbe, un clerc de notaire illusionné, — nous supposons des illusions au fond d'une étude, — n'auraient pu s'empêcher de dire, en la voyant ;

— Cristi ! la belle femme !

Elle avait, en effet, de charmantes couleurs couperosées, des yeux bleus bien fendus, une main grassouillette ornée de bagues à chaque doigt, sa lèvre était encore rose, — et sa taille épaissie par la trente-huitième année aurait eu, sans doute, un succès fou... chez les Arabes qui passent pour aimer la corpulence.

Madame de Willermez lui indiqua un siége et lui dit :

— Votre mari se nomme Théophraste Carnaud ?

— Oui, madame.

— Il a été voyageur de commerce, agent d'affaires, marchand de contre-marques; et il est aujourd'hui garçon de recette ?

— Hélas! oui, madame.

— Et... vous l'aimez? fit la jeune femme en attachant sur madame Carnaud un regard profond.

— Oui, dit mélancoliquement la belle femme de trente-huit ans.

— C'est un pauvre sujet cependant.

— Hélas!

— Il vous a dévoré deux mille livres de rentes qui vous venaient de la baronne de Kerbrie.

Madame Théophraste Carnaud leva les yeux au ciel et ne répondit pas.

— Il a été condamné à deux années de prison pour abus de confiance; et dernièment il a opéré à son profit un détournement de fonds d'environ trois mille francs.

— Je le sais, madame.

— Si d'ici à deux jours il n'a pas trouvé ces fonds, il sera arrêté et envoyé au dépôt de la préfecture, en attendant que la cour d'assises l'envoie au bagne. Comment vous procurerez-vous trois mille francs?

— Un usurier doit me les prêter à la condition que je lui rembourserai une somme double au mois de septembre prochain.

— Comment se nomme cet usurier?

— Oh! madame, fit la Carnaud, c'est un vilain homme; il se nomme Bachelet.

— Je le connais, dit madame de Willermez, mais il ne vous prêtera rien.

La Carnaud pâlit.

— Et pourquoi? balbutia-t-elle.

— Parce que je le lui défendrai et qu'il m'obéit aveuglément, répondit froidement la jeune femme.

— Mon Dieu! s'écria madame Théophraste Carnaud, que vous ai-je donc fait? et pourquoi...

— Je ne veux pas que vous ayez affaire à un usurier, dit madame de Willermez; mais je ne veux pas non plus laisser aller votre mari au bagne.

— Oh! madame...

— Tenez, continua la jeune femme en ouvrant un tiroir et prenant du bout des doigts une liasse de billets de Banque; voici cinq mille francs. Avec cette somme, vous payerez vos dettes et sauverez votre mari.

La Carnaud poussa un cri étouffé et se précipita aux genoux de madame de Willermez, se confondant en protestations de reconnaissance.

— Vous tenez un hôtel garni?

— Oui, madame.

— Vous avez pour locataire un vieux bonhomme qu'on appelle le père Aucher?

— Oui, madame.

— Un homme se présenta chez vous, il y a six mois, et loua sous le nom de Charles Bouglais, et pour une nuit, une chambre contiguë à celle de ce père Aucher ?

— Je me souviens bien de cela; et même il partit le lendemain de très-grand matin.

— Votre locataire ne se plaignit-il point d'un bouleversement étrange dans certains papiers qu'il possédait ?

— Il prétendit qu'on lui avait volé un manuscrit.

— Eh bien, en échange de l'argent que je vous donne, il faut me faire tenir au plus vite les autres papiers qu'il possède encore.

— Mais c'est un vol que vous me demandez !

— Peu importe... faites... ou rendez-moi mon argent.

— Mais... balbutia une fois encore la pauvre femme.

— Écoutez, dit madame de Willermez, vous devez hériter, dans trois mois, de quatre mille livres de revenu capitalisées depuis vingt ans?

— Oui, madame.

— Et vous êtes assurée que nul ne vous contestera cet héritage?

— A moins que M. le chevalier de Kerbrie lui-même ne revienne de l'autre monde....

— Il n'y est jamais allé et il vit.

La Carnaud recula.

— Oh! mon Dieu! fit-elle en joignant les mains.

— Et le chevalier de Kerbrie se nomme aujourd'hui le père Aucher.

— Seigneur! exclama de nouveau la

femme de trente-huit ans avec un geste d'effroi.

— Vous comprenez donc qu'il est urgent pour vous d'enlever au chevalier de Kerbrie le moyen de se faire reconnaître et d'hériter de sa mère !

— Oui, dit la Carnaud étonnée, mais... vous, madame !

— Moi, je suis mademoiselle de Rumfort, petite-nièce de madame de Kerbrie.

Ces simples mots suffirent pour trancher les incertitudes et les angoisses secrètes de madame Carnaud :

— J'obéirai, murmura-t-elle en s'inclinant bien bas et se dirigeant vers la porte.

— Un, dit la baronne mystérieusement, quand elle fut seule ; aux autres maintenant.

Comme elle achevait, le nègre que nous avons entrevu déjà parut sur le seuil et annonça en mauvais français :

— Monsieur le comte de Maucroix.

———

M. de Maucroix était un homme d'environ trente-six ans, obèse déjà, haut en couleurs, l'oreille rouge, les yeux légèrement clignotants, le front fuyant et déprimé, les lèvres blêmes et minces. Sa physionomie exprimait un singulier mélange de finesse cauteleuse et de stupidité; c'était une de ces natures vulgaires chez qui le germe de toutes les passions mauvaises féconde et fait éclore l'instinct de la ruse qui suplée quelquefois à l'intelligence absente. L'imagination lui manquait, il était incapable sans doute de bâtir un plan quelconque, de le charpenter, de le mûrir ; mais le plan donné, les jalons posés, il exécutait, si un aiguillon puissant le stimulait toutefois. Jusqu'à l'âge de trente ans, il avait mené l'existence oisive et facile du gentilhomme campagnard, chassant, buvant, et dépensant d'assez beaux revenus. Puis, un jour, on lui avait soufflé l'idée de devenir député, quelques amis avaient mendié, récolté des voix, promis en son nom des canaux et des chemins de fer, des aqueducs et des ponts. Bref, il avait été élu à une immense majorité. A la chambre, M. de Maucroix n'avait pas tardé à prendre place sur les bancs du centre ministériel, — il était devenu le *centrier* par excellence, — c'est-à-dire l'homme gras, déjà chauve, bien couvert, décoré et parfaitement nul, qui a joué un rôle si important dans les fastes diplomatiques du régime de Juillet

Comme toutes les natures médiocres, M. de Maucroix ne doutait absolument de rien. — Il lui arriva, dès la première session, de monter à la tribune et de débiter d'un ton doctoral de pauvres banalités sur une question d'économie politique : précisément, le même jour, un membre de l'extrême gauche avait, par des arguments incisifs, mordants, pleins d'aigreur, combattu un projet de loi ministériel ; la majorité constitutionnelle, irritée de cette résistance et disposée à se venger d'une manière ou d'une autre, applaudit et couvrit de bravos frénétiques les platitudes de M. de Maucroix ; le lendemain les journaux conservateurs mentionnèrent le succès, — et le talent oratoire du député ventru passa à l'état de *fait accompli.* Dès lors chaque fois qu'il parut à la tribune, on claqua des mains avant qu'il eût ouvert la bouche, — l'habitude en fut prise, et M. de Maucroix fut surnommé l'*éloquent.*

A l'époque où commence notre récit, l'honorable député avait le ministère dans sa manche, était amoureux fou de madame de Willermez, sa cousine, lorgnait la simarre de pair et possédait de certaines théories sur la loyauté, que nous développerons plus à l'aise dans la suite de notre histoire.

Ceci dit, voyons-le à l'œuvre.

— Bonjour, cher, dit madame de Willermez en tendant le bout de ses doigts rosés au député qui les prit et les porta à ses lèvres avec un enthousiasme assez pédantesque. Comment vous va depuis hier ?

— Comme un homme qui n'a point fermé l'œil de la nuit.

— Bah ! est-ce l'amour qui vous ronge, la jalousie qui vous torture?...

Nous avons oublié de dire que M. de Maucroix était affligé de la singulière manie de faire de l'esprit et qu'il aurait tué son ami intime, — nous admettons un moment qu'il en avait un, — avec un calembour, si le calembour eût dû être simplement passable. Aussi crut-il faire un joli mot en répondant cette platitude à la question de madame de Willermez :

— La jalousie est eau de rose auprès du mal qui a dévoré ma nuit... J'ai eu une indigestion de homard.

Une sanglante raillerie vint aux lèvres de la jeune femme, mais elle s'arrêta soudain et, rompant les chiens, elle dit :

— Avez-vous vu le préfet de police?

— Pas encore.

— Il faut le voir aujourd'hui même.

— Il y a donc urgence?

— Au dernier point.

— Mais enfin, quel est cet homme dont vous avez besoin de vous débarrasser si promptement?

— Je vous l'ai dit, un pauvre ouvrier.

— Il est donc bien à craindre?

— Il peut tout détruire.

— Comment cela?

— Comment? écoutez...

— Voyons, dit M. de Maucroix en soufflant bruyamment et se jetant dans une bergère roulée près du feu, je vous écoute.

— Avez-vous entendu parler quelquefois de cette puissance occulte, mystérieuse, qui recule les bornes du présent, pénètre dans l'avenir et le passé et bouleverse les calculs de la raison humaine par ses résultats étranges et, pour ainsi dire, miraculeux? Je veux parler du magnétisme.

— Ah çà, mais, s'écria M. de Maucroix, quel rapport y a-t-il?...

— Supposez qu'à l'aide de cette science ou de cette puissance, un homme, intéressé à renverser tous nos plans, à souffler sur tous nos projets, à détruire de fond en comble les combinaisons hardies au moyen desquelles nous espérons arriver à notre but, supposez, dis-je, qu'à l'aide de cette science, un homme découvre le vieux chevalier de Kerbrie, le rapproche de son fils, révèle à celui-ci son véritable nom, soulève, pour Marc Aubry et sa femme, le voile pesant qui leur cache encore ce mystère qu'ils essayent vainement de pénétrer depuis si longtemps...

— Vous m'effrayez ! s'écria M. de Maucroix ; mais d'abord cette puissance existe-t-elle, et puis y a-t-il dans le monde un homme qui ait un pareil but?

— Oui.

— Et quel est-il?

— Cet ouvrier dont je vous parle.

— Mais enfin... quel intérêt?

— Aucun, si ce n'est celui de retrouver le fils de la femme qui l'a nourri de son pain lui et son père, et le désir d'arracher à des collatéraux, qu'il hait instinctivement, l'héritage de ses maîtres légitimes.

— Mais son nom, son nom?

— Attendez. Vous souvient-il du motif qui a dicté à la baronne de Kerbrie, notre grand'tante, son bizarre testament, et lui en a fait remettre l'exécution à vingt ans de distance ?

— Oui : l'espoir de retrouver son fils dans l'intervalle.

— Vous souvient-il d'avoir entendu dire qu'auprès d'elle était un vieux fou qui lui prédisait son retour ?

— Sans doute, mais cet homme doit être mort.

— Nullement.

— Alors, c'est un vieillard infirme et incapable d'agir.

— Peut-être, mais cet homme a un fils dans la force et l'énergie de l'âge... et ce fils est à redouter...

— Mais, sécria le comte illuminé d'une pensée soudaine, ils sont héritiers comme nous.

— Sans doute.

— Alors ils sont à nous.

— Point du tout.

— Mais c'est leur intérêt...

— Vous êtes un sot, — allez donc parler d'intérêt à des cœurs bretons et fidèles; autant essayer de rompre la rude et loyale épée de leurs pères.

— Cependant, objecta le comte, je ne vois point là de quoi nous bouleverser... et d'ailleurs ce magnétisme dont on fait tant de bruit est ardemment combattu par la science, la médecine et la raison...

— La médecine a intérêt à l'étouffer, la science a nié la vapeur et la poudre à canon, — et la raison a prétendu que le Nouveau-Monde n'existait pas, taxant Colomb de folie.

Comme madame de Willermez achevait, le nègre entrebâilla la porte et annonça :

— Monsieur le baron Karnieuc !

Un sourire imperceptible glissa sur la lèvre de la jeune femme lorsqu'elle entendit ce titre de baron ; puis, ce sourire réprimé, elle se leva à demi, salua de la main le banquier qui suait et soufflait gauchement, lui indiqua un fauteuil et lui présenta M. de Maucroix.

Peu après, madame de Willermez était à table dans un grand salon Louis XV à panneaux et dessus de portes peints par Boucher. Elle avait à sa droite M. le comte de Maucroix et, vis-à-vis, le baron Karnieuc, chevalier de la Légion-d'Honneur et membre d'une foule de sociétés philanthropiques, de bienfaisance et humanitaires.

Claude-Anastase-Xénophon Bachelet la servait en grande livrée et la serviette sous le bras.

Ce qui se passa alors entre ces quatre personnages, il ne nous est pas permis de vous le dire ; — mais durant le dîner tout entier, une tête complétement noire, chargée d'une forêt de cheveux blancs, demeura immobile et dissimulée dans l'ombre d'une draperie qui masquait une porte dérobée, — dardant deux grands yeux luisants et féroces sur les convives qui, sans doute, se croyaient absolument seuls.

Puis, lorsque la salle eut été désertée par eux, cette tête s'agita deux ou trois fois, et deux grosses lèvres livrèrent passage à une sorte de bourdonnement monotone et inintelligible. C'était une chanson créole que nous essayons de traduire ainsi :

> L'une est blanche,
> L'autre est brune ;
> Celle-ci ressemble à la lune,,
> Celle-là ressemble à la nuit,
> Mais toutes deux ont mis au monde
> Une belle enfant brune et blonde ;
> La plus belle vient de la nuit...

Et dans ces paroles inoffensives le chanteur créole avait mis un accent de haine et d'irritation profonde.

Marc Aubry.

VII.

Quitons Paris quelques heures et faisons aller notre pensée sur l'aile de l'imagination, jusqu'à Marseille, la ville blanche, tiède, coquette, que la terre et la mer parfument en même temps de leurs senteurs marines et de leurs arômes champêtres ; — à Marseille, la fière et la naïve, ville antique et ville neuve à la fois, ayant des rues et des promenades d'hier, et des rues d'il y a deux mille ans ; — Marseille l'opulente, dont les navires touchent aux quatre coins du monde, que la Méditerranée a proclamée sa reine et qui, seule, a trouvé le secret d'enfanter à la fois des marchands et des poètes.

Les environs de Marseille sont généralement brûlés du soleil, et la verdure, les parcs ombreux, les grottes humides et tapissées de lierre n'y abondent point ; — mais il est cependant des lieux diamétralement opposés qui réunissent assez bien ces rares avantages et ressemblent aux fraîches oasis des déserts, au milieu de ces plaines et de ces coteaux desséchés, couverts de pins décharnés et d'oliviers poudreux.

L'un est le vallon des Aigalades, véritable vallée de Saint-Germain vue au microscope, ravissant pêle-mêle d'étangs, de collines, de ruisseaux babillards, de prairies presques toujours vertes, de roches moussues et pittoresques, — le tout dominé par le château du même nom dont la réputation de beauté est pour ainsi dire européenne.

L'autre est le golfe de Saint-Henri. La mer dort et soupire à l'entour, les pins y courbent leur feuillage sous le souffle des brises marines et se redressent frémissants d'une mélancolique harmonie ; de charmantes villas, connues dans le pays sous le nom de *bastides*, s'y étagent au flanc d'un joli coteau bien vert et décrivent une ellipse, au sein de laquelle se balancent des barques catalanes et de blanches voiles de pêcheurs. C'est dans une de ces villas que nous introduirons nos lecteurs.

C'était un coquet bâtiment à un seul étage, crépi soigneusement, avec des persiennes vertes, un toit sur lequel roucoulaient tout le jour deux beaux pigeons blancs aux pieds emplumés, au mur duquel grimpaient de compagnie la vigne et le lierre, et que de grands saules pleureurs protégeaient des ardeurs du soleil méridional. Un fruitier lui servait de ceinture au nord, à l'est et à l'ouest ; la mer venait, au midi, s'assoupir languissamment à ses pieds.

Cette maison était habitée par la famille Aubry, dont le nom a déjà retenti deux ou trois fois dans les premières pages de notre récit.

Cette famille se composait de quatre membres : le père Aubry, vieillard de soixante-dix ans à peu près, grande et osseuse figure de marin du commerce, ancien capitaine au long cours qui avait jeté l'ancre sous toutes les latitudes, commandé un corsaire sous l'Empire et fait la campagne de Grèce, en 1825, comme auxiliaire indépendant.

Marc Aubry, son fils, franche et loyale nature, énergique et rude visage, excellent officier de la marine royale que les épaulettes de lieutenant de vaisseau étaient venues récompenser de sa belle conduite dans l'Inde lors d'une rencontre avec des pirates chinois et malais, rencontre dans laquelle il avait, par son sang-froid, sauvé sa frégate, prête à devenir la proie des flammes.

Deux frêles femmes vivaient avec ces hommes robustes ; car, malgré son âge, le vieil Aubry était un véritable hercule et le meilleur marin du port.

L'une avait environ quarante-cinq ans, — elle était encore belle, quoiqu'une souffrance mystérieuse eût altéré ses traits; aucun filet d'argent ne pailletait les boucles brunes de ses cheveux naturellement crépés ; sa taille avait conservé la nonchalante souplesse et les molles ondulations qui caractérisent les créoles d'Asie ou d'Amérique; mais son grand œil noir était légèrement hagard et fixe, tandis qu'un sourire amer, désillusionné, n'abandonnait jamais sa lèvre. L'infortunée était folle.

L'autre femme avait vingt ans de moins. Elle était blonde, avec de grands yeux bleus, des cheveux d'un châtain clair, de belles lèvres roses, grande, svelte, souriante... — le type le plus ressemblant peut-être qu'il nous soit donné de regarder sur cette terre comme l'image des anges.

C'étaient la mère et la fille, — et une touchante circonstance avait uni la destinée de ces femmes au sort de ces deux hommes rudes et bons.

Rétrogradons de vingt ans.

Le *Goëland*, brick du commerce commandé par le père Aubry, était à la hauteur des côtes de Guinée, lorsqu'il fit la rencontre d'une caïque nègre montée par quatre ou cinq naturels et chargée des débris de la cargaison d'un navire échoué sur un récif à fleur d'eau. Ces nègres avaient trouvé cramponnée à un tronçon de mât une femme tenant un enfant dans ses bras crispés. C'était une petite fille. La pauvre mère, à bout de forces, commençait à lâcher prise, le flot allait passer sur sa tête et lui servir de linceul. Les nègres la recueillirent, la soignèrent de leur mieux avec son enfant et la rappelèrent d'un long évanouissement qui s'était emparé d'elle en touchant le pont de leur caïque. Mais la terreur qu'elle avait éprouvée, cette lente et terrible lutte soutenue contre la mort, cette agonie épouvantable de toute une nuit et d'une partie d'un jour peut-être avaient brisé sa raison : elle demeura folle. Quant à l'enfant elle ne bégayait que quelques mots de la langue créole qu'on parle dans la mer indienne, depuis Madagascar jusqu'à Pondichéry, et elle ne comprenait pas le français.

Le père Aubry, à la vue de ces deux femmes, questionna les nègres dans leur propre langue, mais il n'apprit d'eux que ce que nous venons de raconter à nos lecteurs. Le reste de l'équipage avait péri vraisemblablement.

Alors, au moyen de quelques bouteilles

d'eau de feu et d'une poignée de verroteries, le brave marin racheta la pauvre folle et son enfant, la prit à son bord et l'amena en France. Il la confia à sa femme, fit de nombreuses recherches pour découvrir d'où elle venait, qui elle était et où elle allait quand son navire se brisa.

Ces recherches furent vaines.

Il la questionna : la jeune mère ne répondit que par des mots incohérents au milieu desquels apparaissait seul, comme un faible jet de lumière, le nom de Georges ; — mais aucun autre ne suivait celui-là... et que d'hommes au monde qui se nomment Georges !

Alors le bon capitaine se prit d'affection pour ces deux créatures faibles et isolées dans la vie, il en fit sa famille, partagea son toit avec elles, s'habitua à voir la jeune enfant jouer avec son fils plus âgé qu'elle de quelques années ; la pauvre insensée qui les regardait durant de longues heures, souriait de son sourire doux et triste ; — et lorsque Madame Aubry eut succombé à une cruelle maladie, il lui sembla que cette femme inconnue que Dieu avait privée de la raison était un ange du ciel qui porterait bonheur à son toit en deuil, et rendrait à son fils les caresses maternelles que la mort venait de lui ravir. Marc Aubry devint homme : à dix-huit ans il était aspirant de marine, à vingt-deux enseigne, à vingt-huit lieutenant de vaisseau.

Alors le vieil Aubry, qui avait navigué quarante ans, quitta la mer en essuyant une larme de regret, se retira dans cette petite bastide du golfe Saint-Henri que nous avons décrite plus haut, et maria ses deux enfants, l'enfant de son sang, l'enfant de son adoption.

Marc, après une campagne dans l'Inde, fut assez heureux pour être nommé au commandement d'un *vapeur* qui faisait le service des dépêches de Marseille à Alexandrie ; en sorte que, malgré son aventureuse profession, il était d'ordinaire à Marseille un mois sur deux, et savourait les saintes joies du foyer domestique.

Or, entre sa jeune femme et son vieux père, en face de cette pauvre mère insensée, une idée avait lentement germé dans le cerveau de Marc : c'était de rendre la raison à cette dernière, et de pénétrer le voile mystérieux que le hasard avait jeté sur ces deux existences.

Il avait fait tout exprès le voyage de Paris et consulté les plus célèbres médecins qui tous avaient hoché la tête et prétendu que la folie ne se guérit point après vingt années.

Marc était revenu découragé, — lorsqu'un médecin espagnol, don P..., arriva à Marseille, précédé par une de ces réputations colossales que la France accorde toujours de préférence aux étrangers. Le docteur don P... s'était spécialement occupé pendant fort longtemps de l'aliénation mentale; il avait étudié ses principales causes, recherché les réactifs et les remèdes applicables, et avait obtenu, disait-on, de merveilleux résultats. Aubry l'avait fait appeler près de sa belle-mère.

Le docteur s'était enquis minutieusement des causes premières de la folie, il avait étudié les goûts, les instincts, le caractère normal de la pauvre insensée; — puis, un jour, il avait dit :

—Il lui faut de la solitude et beaucoup de musique. Avec cela je la guérirai.

A partir de ce jour, on laissa la folle toute seule durant de longues heures; la jeune madame Aubry était assez habile pianiste; Aubry jouait du violon : à eux deux, ils exécutaient tous les morceaux remarquables des grands maîtres; tantôt, et selon l'inspiration du médecin, ils abordaient un rhythme gai, alerte, sautillant, s'exhalant en une pluie perlée de notes aiguës et retentissantes; tantôt ils revenaient à une mélancolique, suave et triste rêverie comme la dernière pensée de Weber, ce flot de poignante harmonie qui fait pleurer chaque fois qu'on l'entend...

Il y avait trois mois que l'aliénée était soumise à ce traitement, et déjà un mieux sensible s'opérait en elle, son regard devenait plus limpide, elle commençait à débrouiller de vagues souvenirs au milieu des nuages de sa pensée... un jour, peut-être, le nom attendu, le nom que la fatalité refusait à sa fille, viendrait sur ses lèvres...

Tel était l'espoir dont se berçaient les deux Aubry et la jeune femme, lorsque arrivèrent les événements que nous allons raconter.

C'était un soir du mois d'avril; l'hiver avait fui, balayé par les brises tièdes du printemps; la nature était couverte d'un manteau de verdure, les fleurs blanches des orangers embaumaient l'air, la mer avait de suaves soupirs de langueur et d'amour pour les pins qui chantaient en abaissant vers elle leurs verts panaches.

En un coin du jardin attenant à la bastide, assis sur un banc de gazon, le père Aubry fumait sa grande pipe turque et contemplait mélancoliquement la mer, sa vieille et inconstante maîtresse. La folle se promenait gravement dans une allée de mûriers d'Espagne, répétant un refrain créole... Marc et sa femme, enlacés au bras l'un de l'autre, se parlaient d'amour tout bas comme les blancs pigeons qui voletaient sur le toit de la maison. Un coup de sonnette se fit alors entendre à la grille en fer qui donnait accès au nord dans la petite propriété ; puis l'unique valet, nous exceptons une vieille cuisinière, vint annoncer la venue de M. Gustave Bouglais, accompagné d'un monsieur qu'on ne connaissait pas.

— Bouglais ! fit Marc, qu'il vienne, l'excellent ami !

Ce Gustave Bouglais était un ex-étudiant, ex-avocat, ex-notaire, ex... que sais-je encore! actuellement un quart de courtier marron; et sur la place — passez-nous le terme argotique de la bourse, — on ne le nommait que Bouglais-Coquentin.

Bouglais était dans les affaires jusqu'au cou. Il avait des encaissements énormes à faire tous les jours, des sommes importantes à verser... Il n'encaissait et ne versait jamais rien. Delà son surnom de Coquentin. Bouglais se mêlait de toutes les spéculations, de toutes les affaires, de toutes les combinaisons, et en était cependant arrivé à avoir recours, pour vivre et faire des affaires imaginaires, à un métier dont nous pourrons, par la suite, apprécier la loyauté.

Bouglais était le camarade d'enfance, l'ami de Marc Aubry; ils se tutoyaient et

Bouglais venait tous les jours à la villa.

— Eh bien! comment te va aujourd'hui? demanda franchement et jovialement Aubry.

— Mon cher ami, répondit Bouglais, je t'amène un de mes parents qui habite ordinairement Paris, et qui vient passer à Marseille la saison d'été pour y prendre les bains de mer.

Bouglais, à ces mots, démasqua un monsieur jaune, l'œil clignotant, un peu voûté, presque chauve, mais vêtu avec distinction et nullement dépourvu de manières aisées, — lequel s'était modestement tenu à l'écart derrière son introducteur.

Monsieur et madame Aubry saluèrent.

— Figure-toi, continua Bouglais, que M. de Bachelet, mon oncle, a horreur de notre pauvre ville et veut absolument se loger à la campagne; j'ai compté sur toi pour lui céder un coin de ta maison.

Aubry parut assez vivement contrarié de cette offre inattendue, — mais sa jeune femme répondit aussitôt :

— Si monsieur votre oncle veut bien se contenter d'un tout petit logement de deux pièces qui est ici notre chambre d'amis, il est à sa disposition pour tout le temps qu'il passera à Marseille...

— Oh! fit M. de Bachelet d'une voix mielleuse, je suis bien peu gênant, madame, un coin me suffit, pourvu que j'aie de l'air, du soleil et de l'ombre. D'ailleurs je n'entends point vous être à charge en quoi que ce soit; — et si vous voulez bien me permettre de payer ma pension...

Aubry fronça le sourcil; puis regarda

M. de Bachelet : il était laid et vieux ; un fou seul eût été jaloux...

Aubry se moqua de lui-même intérieurement, et puis, comme à tout prendre, malgré l'amour de sa femme, les causeries de mer de son père, les visites fréquentes du docteur, il trouvait que les soirées étaient un peu monotones à la villa, — il accepta, ainsi qu'un moyen de distraction, l'arrivée de cet hôte inattendu, dont la présence allait rompre l'uniformité qui l'environnait. M. de Bachelet avait laissé ses valises à Marseille. Les valises arrivèrent à la tombée de la nuit.

Le digne oncle de M. Bouglais, que ses nombreuses affaires rappelaient à Marseille, fut après le dîner de famille, installé dans son logement. Là, il se revêtit d'une robe de chambre à ramages, alluma un cigare, roula un fauteuil sur le balcon qui donnait sur le jardin, se prenant à rire :

— Quelle bonne pâte d'imbécilles que tous ces gens-là! murmura-t-il, comme ils me reçoivent, comme ils me choient... Ma parole! c'est à se laisser attendrir... Heureusement qu'on a du nerf et du tempérament, à la rigueur, et que lorsqu'il s'agit d'un billet de dix mille et d'un héritage en *perspecte,* on ne *batifolle* pas.

Et, ce disant, M. Claude-Anastase-Xénophon, seigneur de Bachelet et autres lieux, car il n'avait pas cru devoir se refuser une petite particule de fantaisie, ouvrit un immense portefeuille en maroquin rouge qui avait excité déjà par trois fois la cupidité de Bouglais-Coquentin, compta complaisamment dans l'une des poches deux ou trois chiffons de mille francs, puis en tira un papier plié en quatre qui renfermait ces deux lignes sans signature :

« Veiller toujours et sans cesse : — au
» moindre éclair de raison, au moindre
» mot... *Remember*. »

— On y veillera, mes chers enfants, continua le Normand en riant de son rire ignoble ; on tâchera moyen de faire en sorte que vous ne sachiez que ce que vous devez savoir... Et mes douze cents francs de revenu, donc ! sans compter la part d'Yvon et celle de Jeannon Maclou, qui me reviennent... Pauvre défunte ! elle ne voulait pas mourir, celle-là... était-elle enragée ?

Bachelet s'interrompit brusquement et se pencha pour écouter : deux voix montaient du jardin...

— Et vous croyez, docteur, disait l'une d'elles, que d'ici à huit jours...

— Je n'affirme rien, mon cher Aubry, mais je trouve un mieux sensible dans l'état de notre pauvre malade ; son regard est moins fixe, elle chante beaucoup plus, et, de préférence, les chants bizarres des Indiens... elle commence à se souvenir.

La folie doit, selon moi, diminuer à mesure que la mémoire reviendra. Je compte énormément sur cette romance créole que vous avez notée vous-même et que nous exécuterons demain... Si elle l'écoute, si en l'écoutant elle pleure, si enfin elle vient à se rappeler les paroles et à nous accompagner, mon cher ami, elle est sauvée !

— Et dans huit jours ?...

— Dans huit jours elle ne sera plus folle...

— Oh! docteur, fit Aubry avec une explosion de joie, je n'aurai jamais assez de sang dans les veines à répandre pour vous, si vous dites vrai... La raison! mais savez-vous ce que c'est pour moi, pour Louise? C'est le bonheur, la paix, la joie, l'orgueil; car alors je pourrai répondre dignement à ceux qui me demandent le nom de ma femme! C'est peut-être un père qu'on pleure et qu'on retrouvera, un frère dont on est séparé et que la mer n'a point englouti... Car ma Louise m'a dit cent fois qu'elle se rappelait fort bien que son père s'était précipité à la mer avec son jeune frère, espérant sans doute revenir la chercher elle et sa mère.

— Eh bien! dit le médecin espagnol, car c'était lui, espérez, Aubry, espérez.

— Oh! que ce soit promptement, mon bon docteur, car, vous le savez, ma quinzaine de repos expire dans dix jours, et je reprends la mer pour dix mois...

— Tu la reprendras plus tôt que tu ne penses, mon cher petit, murmura cet excellent monsieur de Bachelet.

— Espérez, vous dis-je, continua le docteur. A demain ! il est près de dix heures, et j'ai encore une demi-douzaine de malades à visiter.

— Je vais vous conduire jusqu'à la grille.

Le Normand entendit les promeneurs s'éloigner, puis un cheval qui piaffait d'impatience à l'entrée du jardin bondir sous l'éperon et partir au galop.

Alors il se pencha au balcon, considéra une minute la silhouette sombre du cavalier et du cheval courant sur la grève argentée par la lune et les reflets de la mer ; puis il reporta les yeux sur Marc Aubry, qui s'en revenait à pas lents vers la maison, jetant aux caprices de la brise la fumée tournoyante de son cigare...

Le digne oncle de Bouglais-Coquentin se frotta les mains de nouveau, et rejetant une bouffée de tabac vers le ciel sans nuages et diamanté d'étoiles :

— Espérez, bonnes gens, dit-il avec son sourire infernal, — et surtout ne vous faites pas de bile... *le loup est dans le bercail !*

La dépêche.

VIII.

Le lendemain, vers neuf heures du matin, la famille Aubry était réunie dans un petit salon au rez-de-chaussée, donnant sur le jardin. La folle seule, et ce digne monsieur de Bachelet étaient absents. Le docteur espagnol venait d'arriver.

La jeune madame Aubry, palpitante d'émotion, causait à voix basse avec son beau-père; Marc accordait son violon. — Le docteur était plongé dans une rêverie profonde, comme en procurent seules les vastes méditations de la science.

— Chère Louise, disait le vieux marin, il faut se défier de l'espérance, — elle nous trompe souvent.

— Mais, dit la jeune femme avec une mutine impatience, puisque le docteur...

— Le docteur peut se tromper, mon enfant. Personne plus que moi ne souhaite ardemment la guérison de votre mère; mais il y a si longtemps... Et puis, fit le vieillard en adoucissant sa rude voix et attirant à lui le front blanc de Louise, sur lequel il déposa un baiser de père, si le docteur se trompe, si votre mère ne recouvre point la raison, si le secret que nous cherchons nous échappe, nous en aimerons-nous moins ? N'êtes-vous point notre enfant, notre enfant chérie et bénie, la femme de Marc et le bâton de vieillesse de mes vieux jours ?

— Pauvre père...

— Et puis encore, qui sait ? Quand je vous arrachai des mains des nègres, vous aviez toutes deux, au milieu de votre dénûment, de beaux vêtements, du linge de prix ; vos petites mains blanches, ma Louise, étaient couvertes encore de manchettes de dentelle d'une valeur fabuleuse... Vous êtes sans doute la fille d'un grand seigneur, d'un homme riche à millions... et alors, si vous retrouvez votre famille, votre nom qu'un titre précède, vous regretterez la fatalité qui vous a fait entrer dans la famille d'un pauvre matelot parvenu et adopter un nom qui n'est qu'un nom d'honnête homme...

Le vieil Aubry s'arrêta soudain. Louise pleurait, elle pleurait blessée et honteuse d'un tel soupçon.

— Pardon, mon enfant, pardon, dit le marin à voix basse, tu es un noble et grand cœur.

En ce moment on entendit une voix mélancolique et douce chantant un couplet créole sous les massifs du jardin.

— Chut! fit aussitôt le docteur, la voici. Aubry, tenez-vous prêt; madame, mettez-vous à votre piano, et vous, monsieur Aubry, allez à sa rencontre.

Le vieux marin sortit du jardin et s'avança vers la folle.

— Bonjour, bonne mère, dit-il, bonjour...

— Ah! c'est vous, fit-elle, bonjour, bonjour... il fait bien beau aujourd'hui et Georges fera bonne chasse... il a emmené Zagal le brave nègre Congo, il a pris Eddin son cheval indien, il a déchaîné ses deux lévriers d'Afrique... Ah! ah! ah! le tigre n'aura pas beau jeu...

— Sans doute, bonne mère, sans doute, mais le soleil est chaud, venez vous asseoir là-bas sous le berceau.

— Oui, je veux bien, sous les mangliers et les mancenilliers, mais pourquoi ne portent-ils pas de fruits cette année?

— Ce n'est pas la saison encore, venez.

Et, docile comme un enfant, la folle se laissa conduire sous une tonnelle de lilas et de vigne assez rapprochée du petit salon pour qu'on n'y pût perdre une seule des paroles ou des notes qui s'en échapperaient. Pendant ce temps, l'excellent et digne touriste parisien, M. Claude-Anastase-Xénophon de Bachelet, fumait en tapinois son cigare derrière les persiennes, écoutant la double conversation qui s'était engagée d'une part entre le vieil Aubry et la folle,—de l'autre entre Marc, sa femme et le docteur.

— Allez, allez, bonnes gens, disait-il, arrangez vos charmantes combinaisons médicales, donnez un concert de famille et amusez-vous... mais surtout n'allez pas faire parler l'idiote comme une pie borgne, avant que mes petites mesures de sûreté ne soient prises, si vous voulez que nous ne nous fâchions pas et que nous vivions en paix... Et vous, cher et estimable docteur, qui *jaspiniez* (1) hier comme

(1) Bavardiez.

un livre, tâchez de faire en sorte que cette brave dame ne fasse point d'imprudence, et qu'elle tourne son chiffon rouge sept fois dans sa bouche avant de lâcher l'écluse. Il ne faut pas qu'elle se guérisse tout d'un coup et vous dise le fin mot de la chose avant huit jours... Les guérisons trop promptes entraînent rechute ! Bon ! v'là que ça commence... Oh ! la délicieuse musique ! on dirait le café-concert du boulevard du Temple ou l'orchestre de Bobino.

———

Marc et sa femme venaient en effet de commencer en langue créole, et s'accompagnant de leurs instruments, cette naïve et poétique chanson qui, traduite en français il y a quelques années, a obtenu un succès européen :

> Petit blanc, mon bon frère,
> O petit blanc si doux !
> Il n'est rien sur la terre
> De si joli que vous...

La folle écouta, rêveuse, pendant quelques minutes ; puis, soudain, elle ouvrit la bouche et commença d'elle-même le deuxième couplet :

> Si fraîche est votre bouche,
> Vos cheveux sont si doux !
> Lorsque ma main les touche,
> Mon cœur en est jaloux...

A ce dernier vers, elle s'arrêta brusquement et passa la main sur son front :

— Mon Dieu ! dit-elle, qui donc chante avec moi ? Est-ce toi, Georges ? est-ce toi, Paul ? mon pauvre petit Paul, toi qui as une si belle voix...

A ces paroles de la folle, et sur un signe du docteur, Marc et sa femme se turent.

Alors l'insensée reprit :

— Mais non, ce n'est pas Georges... Georges est à la chasse depuis longtemps... bien longtemps... et il ne revient pas... il a emmené Paul sans doute, car il y a aussi bien longtemps que je n'ai vu mon petit Paul, mon beau petit Paul, mon séraphin rose aux cheveux châtain... Ah !

La folle poussa une exclamation de terreur.

— Seigneur ! s'écria-t-elle, voici la tempête ! La nuit est sombre, le vent souffle, l'éclair brille, la foudre éclate... Mon Dieu ! mon Dieu ! ayez pitié de moi... pitié pour lui, pour Paul, pour ma Louise... pitié ! pitié !

Et l'insensée avait fermé ses yeux et se tordait crispée sous le poignet robuste du vieil Aubry, qui la maintenait sur le banc de gazon.

— C'est une crise qui se déclare, murmura le docteur ; si elle est heureuse, votre mère est sauvée...

Et il se précipita sous le berceau, suivi de Marc et de Louise.

La folle eut alors une attaque nerveuse qui dura quelques minutes et se dissipa aussitôt qu'on eut frotté ses tempes avec de l'eau fraîche et placé des sels sous son nez.

Elle rouvrit les yeux, jeta autour d'elle un regard encore égaré, mais doux, puis tendit la main à sa fille :

— Que s'est-il donc passé ? demanda-t-elle.

— Rien, bonne mère, vous avez été un peu souffrante, voilà tout.

— Il me semble que vous faisiez de la musique tout-à-l'heure...

— C'est vrai.

— Attendez, ne chantiez-vous pas...
Mon Dieu! que chantiez-vous?

Louise et Marc interrogèrent le docteur du regard.

— Chantez! fit le docteur d'un signe.

Louise recommença la romance :

> Petit blanc, mon bon frère,
> O petit blanc si doux!

— Ah! dit la folle, je me souviens... c'est la chanson de Nouikava, ta nourrice, et du petit Paul... mon pauvre et beau chérubin... Mais, mon Dieu! qu'est-il donc devenu?

Et la mère de Louise sembla rêver... puis soudain elle reprit :

— Je crois me souvenir... me souvenir de tout. Le navire était à la côte, il se brisa; Georges se jeta à la mer avec mon pauvre enfant, promettant de revenir nous chercher..... mais il ne revint pas, le navire fut englouti... Je pressai ma fille dans mes bras, je me cramponnai, je ne sais à quoi... puis je ne vis plus rien... j'étais folle!

Quand je revins à moi, nous étions toutes deux dans une barque... il y avait autour de nous beaucoup de nègres, — lorsqu'un autre navire arriva... Un homme, un blanc...

La folle s'interrompit brusquement, attacha un regard profond et fixe sur le père Aubry, et s'écria en se précipitant vers lui les mains tendues :

— C'était vous!

Un éclair de joie illumina le visage du docteur qui se pencha vers le père Aubry :

—Racontez-lui, dit-il, ce qui s'est passé depuis le jour où vous la rencontrâtes...

Or, tandis que l'ex-corsaire disait simplement son noble désintéressement, ses soins, ses veilles, ses recherches, M. Claude Xénophon de Bachelet murmurait :

— Prends garde, la vieille... prends garde...

Et, quittant la fenêtre, il alla prendre sur la cheminée une paire de pistolets de tir, puis revint se coller à la persienne...

Pendant ce temps, la folle écoutait, muette, attentive, chaque parole du vieil Aubry, et semblant renaître peu à peu à une vie nouvelle :

— Mais, dit-elle tout-à-coup, pourquoi mon mari n'est-il pas revenu?..

— Probablement, répondit Marc, parce que la mer était trop grosse...

Elle secoua tristement la tête :

— Il est mort sans doute, murmura-t-elle.

— Qui sait? fit Louise en levant son grand œil bleu vers le ciel.

— Pourquoi, continua la folle, n'avez-vous pas fait des recherches?...

Il y eut un moment d'indécision anxieuse sur tous les visages, et la sueur se glaça au front de maître Bachelet, qui appuya le doigt sur la détente de l'un de ses pistolets et l'arma en sourdine.

— Parlez, fit le docteur d'un signe.

— C'est que nous ne savions pas son nom... dit Aubry.

— Vous ne saviez pas son nom? murmura la folle, tiens, c'est étrange!

Et elle se mit à rire.

M. Claude-Anastase-Xénophon de Bachelet frissonna à ces mots; il abaissa lentement le canon de son pistolet et ajusta l'insensée...

— C'est que, dit Marc Aubry, vous ne

l'appeliez jamais que Georges... et dame ! ce n'est qu'un prénom...

— C'est vrai, fit la folle, mais attendez, je vais vous le dire...

Cette fois, Bachelet eut le vertige et son doigt s'abattit sur la détente... Mais, avant qu'il l'eût pressée, un bruit lointain de cheval au galop, arriva à ses oreilles et lui fit jeter les yeux sur le chemin qui conduisait de Marseille à la villa.

Un lancier à cheval venait bride abattue, un portefeuille en bandoulière...

— Sang-Dieu ! exclama le Normand, voici du secours : attendons.

Mais en même temps la folle reprit :

— Mon mari était planteur à Pondichéry... il avait huit cents noirs... mais il n'était point créole et était venu de France... il se nommait...

— Oh ! murmura Bachelet, agité d'un

tremblement convulsif et jetant un regard anxieux sur la route, ce cheval est donc fourbu ?

Le cheval arrivait pourtant ventre à terre.

Et il ajusta de nouveau la folle.

— Il se nommait, poursuivit celle-ci... Mon Dieu ! mon Dieu ! j'ai la tête faible... Il se nommait le chevalier... le chevalier... attendez donc !

Cette fois, Bachelet appuya son doigt sur la détente, au moment où le cheval s'arrêtait ruisselant à la grille :

— Tant pis ! dit-il, c'est la faute du cheval ! Mais, avant que le coup fût parti, un éclair traversa le cerveau du misérable :

— Pas de bêtises, murmura-t-il en relevant brusquement le canon dans la direction du plafond ; le bruit suffit...

— Bon ! fit en même temps l'insensée, je me souviens maintenant... c'était le chevalier Georges de...

Une détonation d'arme à feu ébranla soudain la maison, interrompant la mère et arrachant un cri de terreur à la fille...

Aussitôt les trois hommes, abandonnant le berceau, s'élancèrent dans la villa, et, guidés par l'odeur de la poudre, montèrent au premier étage et trouvèrent pâle et muet de saisissement le digne touriste parisien, tenant encore l'arme fumante.

— Mon Dieu ! s'écria Marc, qu'est-ce que cela signifie donc, monsieur ?

Bachelet se jeta sur une chaise et demanda de l'eau d'une voix entrecoupée.

— Ce n'est rien, dit-il après avoir bu, je jouais avec mes pistolets... je ne sais comment cela s'est fait... mais le coup est parti...

Et du doigt il montra le trou de la balle.

Comme il achevait, l'ordonnance entra, à son tour, une dépêche à la main :

Aubry déchira l'enveloppe, jeta les yeux sur la dépêche et poussa un cri : c'était un brevet de capitaine de corvette!

— Capitaine ! s'écria-t-il, capitaine déjà! A vingt-huit ans!

Et, étreignant d'une main son cœur qui bondissait, il tendit la dépêche à son père. Mais celui-ci pâlit brusquement en tournant le feuillet et lut le post-scriptum suivant, écrit de la main du ministre lui-même :

« Le capitaine de corvette Marc Aubry
» se rendra immédiatement à bord de la
» frégate l'*Invincible*, et appareillera dans
» les vingt-quatre heures pour les îles

»Sandwich. Il trouvera des ordres à son
»bord. »

Marc pâlit à son tour :

— Partir ! dit-il, et pour cinq ans !

Et parmi ces hommes et cette femme consternés, la folle arriva tout-à-coup, non plus calme et sereine comme naguère, mais l'œil hagard, riant et chantant à fendre le cœur...

— Malédiction ! s'écria le docteur, c'est cette détonation qui a renversé tout notre ouvrage ! la malheureuse femme est plus folle que jamais !

A ces mots, le vieil Aubry, qui avait caché sa tête dans ses mains, redressa sa grande taille voûtée, darda un œil étincelant sur son hôte, et d'une voix terrible :

— Qui donc a amené le malheur sous mon toit ? dit-il.

Personne ne répondit, mais ce pauvre M. Claude-Anastase-Xénophon de Bachelet sentit sa chemise se coller sur sa peau et ne put s'empêcher de regretter son logement de la rue Coquenard, lequel était très-*logeable*, quoique un peu mansardé.

Aïcha.

IX.

Retournons maintenant à Paris et transportons-nous sur le boulevard des Filles-du Calvaire, lequel, à l'époque où se passaient les événements dont nous sommes l'historien, était encombré de baraques de piètre apparence et ne possédait point encore ces belles et coquettes maisons qui en font aujourd'hui l'une des plus jolies promenades parisiennes.

Au milieu des baraques dont nous parlons, s'élevait un petit bâtiment en moellons et à deux étages, soigneusement crépi, garni de pots de fleurs à chaque fenêtre, propre, exposé au grand air, et abritant sous son toit deux ou trois familles d'ouvriers.

Au premier étage se trouvaient deux pièces, meublées en noyer, tendues en toile de Perse, proprettes et fraîches comme un logis de grissette. Il y avait un lit dans chacune; mais à côté du lit, dans la seconde, on voyait un berceau d'enfant.

Ce berceau était un chef-d'œuvre, un bijou qu'une mère du noble faubourg eût rempli de pièces d'or pour y coucher son premier né. L'ouvrier qui l'avait fabriqué avait dû employer plusieurs mois à sculpter et à fouiller le bois de citronier dont il était fait. De belles grappes de raisin, des corbeilles de fruits se détachaient des montants; une guirlande de lierre et d'ache courait autour des panneaux ; deux petits anges étaient assis enlacés sur le fronton, et quatre colonnettes torses supportaient un baldaquin mignon garni de rideaux en velours orange.

Pourquoi dans ce logement pauvrement garni et sans nul doute habité par des ouvriers, ce meuble de luxe? C'est que, dans ce berceau, jouait et caquetait une belle enfant de quatre à cinq ans, les pieds et les bras nus, les épaules voilées par une opulente chevelure de jais, la lèvre rouge et mutine, l'œil noir et démesurément fendu, le teint doré plutôt que blanc, la joue creusée d'une fossette, la bouche ornée de perles éblouissantes. Cette enfant était si belle, si belle, qu'il semblait qu'aucun lieu ne fût digne de lui servir de palais !

Elle riait et chantait tout le jour, passant ses petites mains dans la toison soyeuse d'un grand épagneul noir, qui la regardait de ce regard doux et protecteur que les chiens ont pour les enfants.

En face du berceau et au-dessus de la cheminée était une sorte de trophée d'armes.

Un sabre de cavalerie, — une carabine, — un fusil de garde national, — un autre fusil long, noir, à la crosse enfumée, de ceux que les paysans bretons accrochent horizontalement aux poutres transversales des plafonds et sur le tablier des âtres de chaumières, un de ces fusils de chouan enfin, qui tuèrent jadis des *bleus* par centaines dans le Bocage, — puis des pipes, un yatagan maure, une paire de fleurets, un burnous de cachemire roulé en corde, et des pistolets d'arçon chargés jusqu'à la gueule.

Un turban de spahis et une croix d'honneur étaient suspendus au-dessus du tout.

Dans cette pièce, à l'heure où nous y introduisons nos lecteurs, il y avait, accroupi en un coin et derrière le berceau, une sorte de squelette blanc et ridé, dont le genou pointu servait de point d'appui à un menton plus anguleux encore.

Ce vieillard, — c'en était un, — soufflait bruyamment et par saccades, tournant et retournant dans leur orbite de parchemin des yeux enflammés. On eût dit qu'il souffrait, mais l'enfant qui babillait et taquinait le placide épagneul n'y prenait garde.

Cependant la respiration du squelette devenait de plus en plus pénible, il poussa un soupir à un certain moment et appela aussitôt :

— Bernard ! Bernard !

A ce cri, la belle petite fille se redressa sur son lit :

— Papa Bernard n'y est pas, dit-elle; il travaille, papa Bernard... Mais qu'as-tu, grand-père Jean ? t'es tout drôle comme ça...

— Petite, dit le vieillard, je vais avoir ma crise, va chercher ton père...

— C'est bien embêtant, na ! dit l'enfant ; quand je reviendrai, Pluton ne voudra plus jouer... et puis, et puis, continua l'enfant, je peux pas mettre mes souliers toute seule... na !

— Va chercher ton père, continua le vieillard, va vite...

Mais la petite entêtée, au lieu de se chausser et d'obéir, se contenta de mettre un mouchoir dans la gueule de l'épagneul et de lui ouvrir la porte en disant :

— Allez chercher le maître, allez, Pluton !

L'épagneul disparut.

Cinq minutes après, l'intelligent animal était de retour suivi de son maître.

Ce dernier était un homme de trente-cinq à trente-huit ans, grand, svelte, le teint basané, le front large et balafré d'un magnifique coup de sabre, portant une grande moustache noire et ayant conservé dans la vie civile les larges brayes à blouse des cavaliers de l'armée d'Afrique.

Dans ce beau et martial ouvrier à l'œil fier et triste, au front nuageux, vous eussiez difficilement reconnu le jeune et amoureux garde-chasse du château de Kerbrie, Bernard Pelao, qui soupirait d'amour bien bas à la veillée entre le pichet de cidre et les *grous*, tandis qu'il songeait au pied mignon, à la main blanche et fine, au sourire mutin de mam'zelle Fleur-des-Genêts.

C'était lui cependant, — mais lui vieilli de vingt années, ayant vécu, souffert, bravé les balles africaines, les nuits glacées et le soleil d'airain de l'Atlas ; lui qui n'avait aimé qu'une femme en sa vie et qui n'avait jamais possédé cette femme ; — lui, enfin, dont le cœur était mort à moitié et qui s'était imposé une affection dans le présent, un but dans l'avenir, afin que sa vie ne fût point entièrement brisée et qu'il ne marchât point dans une solitude éternelle sans autre phare que le découragement et le désespoir.

Cette affection, c'était son vieux père, sur lequel les années avaient glissé insensibles et qui n'était pas plus vieux à l'heure où nous le trouvons, que vingt années auparavant, quand il prophétisait le retour de son fils à la baronne de Kerbrie.

C'était encore aussi, et plus peut-être, cette enfant rieuse et gâtée, pour laquelle il avait sculpté ce magnifique berceau, — car il était sculpteur sur bois, depuis qu'il avait renoncé aux galons de sous-officier de spahis.

Et cependant ce n'était point sa fille : cet homme n'avait jamais eu de femme ; — mais il l'avait adoptée et il l'aimait comme si c'eût été son sang. C'était presque un roman que l'histoire de cette petite, un roman de deux lignes que voici :

Dans une razzia faite sur un camp arabe, une balle égarée atteignit une pauvre femme kabyle qui tenait son enfant dans ses bras. La malheureuse mère s'affaissa sur le sol prête à expirer, au moment où un gros de cavaliers arrivait au galop conduit par Bernard. Elle eut la force de tendre son enfant au sous-officier et d'implorer merci pour elle, d'un œil mourant.

Le brave soldat prit l'enfant, l'emporta sous sa tente et l'adopta. Pendant trois années, cette pauvre petite créature fut soumise à toutes les vicissitudes de la guerre, n'ayant d'autre berceau que le capuchon du *burnous* de Bernard. Au bout de ce temps, Bernard fut décoré. Alors il se résigna à quitter le service, vint à Paris, y fit venir son père et endossa bravement le bourgeron de l'ouvrier. Son travail suffisait à nourrir ce vieillard et cette enfant qu'il emmenait fièrement avec lui les jours de fête, souriant d'orgueil quand les passants s'extasiaient sur sa rare beauté.

Quant au but que s'était imposé Bernard, c'était de retrouver d'une manière quelconque les descendants de la baronne de Kerbrie et de ne les point laisser frustrer de leur vaste héritage.

Bernard prit Aïcha dans ses bras, la baisa tendrement, puis alla vers son père.

Jean Pelao dormait déjà de son sommeil étrange.

— Mon père ? dit-il.

— Ah ! te voilà ?

— Oui, mon père.

— Tu fais bien de venir, car je crois que nous trouverons aujourd'hui...

— Que trouverons-nous?

— Le nom de cette rue où demeure son fils, tu sais... l'enfant...

— Dieu vous entende, mon père! car l'heure approche où son bien sera divisé et partagé entre des étrangers qui n'ont pas le droit de prendre ce qui appartient à Kerbrie.

L'héritier.

X.

Que se passa-t-il entre le vieux Pelao et son fils? Nous ne vous le dirons pas ; mais, une heure après, ce dernier arrivait tout essoufflé, et suivi de son chien sur la place Saint-Georges.

Il avait quitté son bourgeron d'ouvrier et revêtu une redingote boutonnée militairement, ornée d'un bout de ruban rouge et retombant sur un large pantalon de toile grise. Et certes, ainsi accoutré, avec ses grandes moustaches noires, sa balafre, son teint basané et son œil bleu et fier, l'ex-sous-officier de spahis n'avait pas une tournure vulgaire, et plus d'un regard de femme s'arrêta complaisamment sur lui, tandis qu'il gravissait les hauteurs de Breda-Street.

Mais il n'y prenait garde, et vraiment, à cette heure, il songeait à bien autre chose, morbleu ! — Fleur-des-Genêts eût passé, la belle et mutine fille d'il y avait vingt ans, — Fleur-des-Genêts lui eût dit, de cette voix douce et insinuante, claire et fraîchement timbrée, qui avait fait jadis frissonner d'amour le beau garde-chasse :

Fleurs-des-Genêts après laquelle il courait dans les allées ombreuses du parc de Kerbrie, en lui disant bien bas et en tremblant bien fort : Mamz'elle, mamz'elle, écoutez donc, mamz'elle?

— Bernard, emmène-moi... emmène-moi dans ta maison, nous irons fléchir un genou devant ton vieux père, et nous lui dirons que je veux être ta femme...

Oui, Fleur-des-Genêts lui eût dit tout cela, que Bernard n'en eût pas moins continué sa marche pour aller se planter droit et ferme, immobile et calme, comme un roc de l'Océan, à l'entrée de la rue La Bruyère.

Là, il croisa ses bras musculeux sur sa poitrine, s'adossa à une borne, et attendit tout en murmurant :

— Teint pâle, cheveux bruns bouclés, une cicatrice à la tempe gauche, et d'une taille moyenne, — a dit mon père... Corbleu ! je le reconnaîtrai bien quand même le diable s'en mêlerait... Mon père a prétendu qu'il passerait ici dans une heure... J'ai mis au moins trois quarts d'heure pour venir... Il ne peut tarder si le vieux Pelao dit vrai... attendons.

Et, fatigué de son immobilité première, Bernard se prit à arpenter le trottoir de long en large, examinant avec une scrupuleuse attention tous les visages qui le croisaient ; lorsque soudain un cabriolet de régie entra dans la rue : deux hommes étaient dedans, le cocher et le locataire. Ce dernier était pâle et portait des moustaches brunes, mais Bernard ne put voir s'il avait une cicatrice à la tempe, car il était plongé en une rêverie profonde, avait la tête inclinée sur sa poitrine et son chapeau rabattu sur ses yeux.

Néanmoins, il fit un pas en avant, et fut sur le point de sauter à la bride du cheval ; mais une réflexion subite l'arrêta :

— Ce n'est pas ainsi qu'on s'y prend, se dit-il, il vaut mieux le suivre... et puis, si ce n'était pas lui...

Et il laissa passer la voiture, la suivit en allongeant le pas, et tout en marchant il se dit :

— Comment l'aborderai-je ?... car enfin, je ne puis pas lui dire : Monsieur, je n'ai point l'honneur de vous connaître, je ne sais pas votre nom, j'ignore où vous demeurez, mais c'est égal, je viens vous dire que vous êtes le fils de Kerbrie... et que... et que... Au fait, fit Bernard avec impatience, ce n'est pas facile du tout, cela ! j'aimerais autant charger un escadron complet, n'eussé-je avec moi que dix hommes...

Le cabriolet s'arrêta au coin de la rue Pigale, le jeune homme aux moustaches brunes en descendit et coupa court ainsi aux hésitations de l'ancien spahis qui s'avança résolument et le salua :

— Pardon, monsieur, dit-il, pourrais-je sans indiscrétion vous demander... Diable! grommela-t-il en se troublant, voilà que je perds le fil... Double imbécile! va...

— A qui ai-je l'honneur de parler? demanda le jeune homme à son tour d'un ton froid et poli.

— Monsieur, répondit Bernard en s'efforçant de reprendre son assurance de soldat, ce que j'ai à vous dire est si extraordinaire, que je vous supplie de m'accorder dix minutes d'entretien chez vous. Je suis ouvrier sculpteur, j'ai été sous-officier au premier escadron du deuxième spahis et je me nomme Bernard Pelao.

Le jeune homme aussi brusquement interpellé regarda Bernard en face, examina durant une seconde ce visage ouvert et vigoureusement caractérisé, cet œil où brillait la franchise, puis répondit :

— Veuillez me suivre, monsieur.

Tous deux montèrent à un quatrième étage déjà connu du lecteur pour être le logement du domino bleu ; là ce dernier, car le jeune homme aux moustaches brunes n'était autre que le poète amoureux de Laurence, — ce dernier, disons-nous, indiqua une place sur le divan à son étrange visiteur, s'assit près de lui et sembla attendre que Bernard parlât.

Bernard l'avait avoué lui-même, il n'était pas éloquent et s'entendait beaucoup mieux à charger un gros de Kabyles ou bien à fouiller un bahut de chêne qu'à faire un simple petit discours. Le silence interrogateur du poète acheva de le déconcerter, et, malgré les observations qu'il s'était faites en suivant le cabriolet, il commença justement par ces mots :

— Monsieur, je n'ai pas l'honneur de vous connaître personnellement, je ne sais pas votre nom, mais c'est égal, je viens vous dire que vous êtes le fils...

Le poète l'interrompit en souriant :

— Pardon, monsieur, dit-il, mais il me semble au moins difficile que vous sachiez de qui je suis le fils, ignorant jusqu'à mon nom...

Bernard rougit, mais il leva les yeux sur son interlocuteur, qui venait de quitter son chapeau, aperçut à sa tempe gauche la couture légère signalée par le vieux Jean Pelao, et dominant son embarras, il s'écria :

— Oui, j'ignore le nom que vous portez, mais je sais que c'est un nom de hasard et que vous n'avez jamais su le véritable ; oui, j'ignore où vous êtes né et comment vous avez été séparé de votre famille ; — mais je sais bien que là-bas, dans mon vieux pays de Bretagne et dans la grande salle du château de mes anciens maîtres, il y a un portrait de jeune seigneur qui vous ressemble à s'y méprendre : c'est bien votre œil expressif, votre nez droit et fier, vos cheveux bouclés et vos lèvres rouges comme les cerises de juin...

Bernard s'arrêta, l'œil humide et le sein gonflé, — puis, emporté par un éclat de brusque affection, il se précipita aux genoux du poète, saisit ses mains et les baisa avec effusion, s'écriant :

— Mon maître !.. mon maître !...

— Mais vous êtes fou, mon ami, exclama le jeune homme en interrompant Bernard, et le relevant avec bonté : vous me dites des choses étranges... comment voulez-vous que je vous puisse croire maître de votre raison...

— C'est vrai, dit Bernard, ce que je vous dis est bien extraordinaire, mais c'est vrai... Croyez-moi, l'homme qui ne ment pas a dans la voix, dans le visage, dans le regard, quelque chose qui atteste sa franchise. Regardez-moi en face, regardez-moi, monsieur...

Et Bernard pleurait, et, vraiment, il était beau ainsi, le rude soldat, à genoux devant ce jeune homme, le contemplant avec amour et laissant rouler deux grosses larmes sur sa face brunie au soleil d'Afrique.

— Monsieur, répondit le poète, il est vrai que je ne porte point le nom de ma famille, car je l'ignore ; mais je suis presque certain d'être né aux Indes, en sorte qu'il me paraît difficile que je puisse être le fils d'un gentilhomme breton, comme vous me le dites.

— Mais, fit Bernard, c'est tout simple : votre père, monsieur Georges, était, dit-on, allé aux Indes...

— Ceci est possible, mais comment savez-vous ?...

— Oh ! je reconnais bien les traits de votre race !

— Il y a des ressemblances incompréhensibles... Et puis il faudrait que moi-même je visse ce portrait dont vous parlez.

— Si ce n'est que cela, dit Bernard, c'est facile, car je l'ai appporté à Paris.

— Et ensuite ? continua le jeune homme, cela ne suffit point... il faut des preuves écrites... des papiers...

Bernard se frappa le front :

— Je n'y avais point songé, murmura-t-il, mais n'importe ! oh ! soyez tranquille, notre fils, — pardonnez-moi, monsieur, de vous nommer ainsi, mais c'était l'habitude au château, parmi les vassaux, d'appeler l'enfant du maître *notre* enfant, — soyez tranquille, il faudra bien que nous vous retrouvions votre héritage, et votre nom et votre tire ; car les titres, voyez-vous, on dit bien que ce n'est plus bon à grand'chose, mais dans notre Bretagne ça fait saluer tout de même, et les gars disent en vous voyant :

— C'est un fils de la bonne, celui-là, et un vrai Breton tout au moins !

Bernard s'arrêta... Le poète était ému et paraissait absorbé dans une méditation pénible.

— Il est possible que vous disiez vrai,

fit-il enfin en rompant le silence, mais il faut que je voie ce portrait...

— Je vais le chercher, s'écria Bernard en se levant et se dirigeant vers la porte.

Mais au même instant la pendule en marbre noir du salon sonna midi.

— Non, dit le poète, il faut absolument que je sorte et je rentrerai fort tard; mais je vous attends demain vers neuf heures du soir; je serai seul.

Et il tendit la main à Bernard.

Celui-ci la baisa respectueusement et s'en alla, riant et pleurant de joie.

Le jeune poète, qui avait fait déjà un rude apprentissage de la vie et ne croyait plus beaucoup à la franchise humaine, s'était efforcé de conserver son sang-froid, redoutant une mystification; mais lorsque Bernard fut parti, les cordes de son cœur se détendirent, ses yeux s'enflammèrent, il prit son front à deux mains et s'écria :

—Un nom ! une fortune !... Mon Dieu ! prenez pitié de moi.... je deviens fou... O Laurence ! Laurence ! me direz-vous encore que je ne suis ni assez noble ni assez riche pour obtenir votre main ? Me direz-vous encore qu'il me faut une célébrité pour faire oublier l'incertitude de ma naissance ! — Et puis, fit-il soudain en relevant fièrement la tête, qui m'empêche d'avoir tout cela, fortune, titres, célébrité personnelle et de dire alors à cette femme :

— Que voulez-vous de plus ?

Et, s'exaltant peu à peu à cette idée, il sortit et courut comme un insensé jusqu'à la station de voitures la plus voisine, et se fit conduire bride abattue chez madame de Willermez.

C'était le lendemain de ce dîner mystérieux où les héritiers de Kerbrie avaient organisé leurs plans machiavéliques : la baronne était seule, en négligé du matin, jetant un coup d'œil ennuyé sur une ennuyeuse Revue politique, quand on annonça :

— Monsieur Gaston !

C'était le nom que l'équipage du navire qui le recueillit jadis donna au petit naufragé.

Madame de Willermez lui tendit ses doigts roses :

— Bonjour, jeune fou, dit-elle en souriant, je vous attends depuis hier...

Gaston s'assit auprès d'elle, porta sa main à ses ses lèvres et lui dit :

— Savez-vous pourquoi je ne suis point venu hier ? C'est que je voulais me punir du mal que je vous ai fait. Tenez, Laurence, quand je songe que vous étiez près de moi, que vous m'entendiez ricaner et fouler aux pieds mon amour, doutant de vous, ange béni, il me prend une féroce envie de me tuer en me refusant ainsi le bonheur qui m'attend...

Le sourire satanique de la jeune femme reparut.

— Vous vous attendez donc à un bonheur bien immense?

— Oh! dit Gaston, raillez tant que vous voudrez, démon au cœur d'ange, raillez! Que m'importe! vous vous êtes trahie... et je ne souffre plus! Oui, vous aviez raison, je vous dois tout, présent et avenir; je vous dois l'humble aisance qui m'entoure, la poésie qui germe et fleurit dans mon cœur, les modestes bravos que m'a jetés la foule... je vous devrai une célébrité réelle! Car, savez-vous ce que je voulais faire, Laurence? Savez-vous ce que j'aurais fait dès demain, si une circonstance inattendue, une grande joie inespérée ne s'étaient jetées au travers ? J'allais quitter mon logement, ma médiocrité dorée, rompre avec mes relations, et me cacher en un coin bien obscur de Paris pendant trois mois. J'avais trouvé une humble mansarde donnant sur un petit jardin bien vert et bien ombreux ; cette mansarde m'aurait rappelé mes débuts dans la vie parisienne, mes souffrances, mes veilles, mon amour que rien n'encourageait alors... et là, seul, isolé du monde, ne songeant qu'à vous, ne voyant en souvenir que les perles de votre sourire, je me serais mis à travailler sérieusement, et j'aurais enfanté une œuvre d'art comme vous les comprenez, une œuvre qui aurait marqué ma place au soleil de la vraie célébrité.

— Mais, fit avec son railleur sourire madame de Willermez, quelle est donc cette circonstance imprévue qui se place comme une entrave entre une aussi belle résolution et vous?

— Oh! s'écria Gaston, c'est un bonheur à rendre fou, c'est le dernier obstacle qui pût exister entre nous, que le vent du hasard renverse soudain. Vous me l'aviez dit vous-même, Laurence, je n'avais ni famille, ni nom, j'étais perdu et isolé dans la vie, sans autre fortune que mon talent, sans autre but que votre amour... Eh bien! nom, famille, fortune, je vais tout retrouver!

Madame de Willermez était une femme forte, — qu'on nous passe l'expression, — elle avait cœur d'airain et tête de marbre, mais à cette foudroyante révélation elle poussa un cri.

Un témoin désintéressé lui eût arraché son secret rien qu'en voyant sa pâleur subite, le frémissement convulsif qui ploya son corps une minute, le regard de haine féroce qu'elle laissa tomber sur Gaston et le cri d'angoisse qui déchira sa gorge... mais Gaston ne vit rien, ne comprit rien, il la remercia de ce cri, pour lui un cri de joie ; il couvrit ses mains de baisers, et, sans qu'elle le lui demandât, il lui raconta la scène que nous venons de décrire.

Le trouble de madame de Willermez avait été court : pendant le récit du jeune homme, sa pâleur disparut graduellement, et, reprenant toute son assurance :

— Eh bien ! dit-elle en souriant, comment se nommaient vos aïeux, mon beau poète ?

— Ah ! s'écria Gaston, je suis un franc

étourdi ; il a été trois fois prêt à me le dire, et trois fois je l'ai sottement interrompu. Mais ce doit être un beau nom de Bretagne, soyez-en sûre, car il a parlé de château, de vassaux nombreux et de portraits de famille...

— Et cet homme se nomme?

— Bernard Pelao, m'a-t-il dit. Et maintenant, Laurence, me refuserez-vous encore.....

— Je ne refuse ni ne promets rien, enfant, dit-elle avec un adorable sourire; seulement, de peur que vous ne deveniez tout-à-fait fou aujourd'hui, laissez-moi bien vite vous mettre à la porte. Vous serez plus calme demain et je vous attends dans la soirée.

— Cruelle! dit Gaston en portant sa belle main à ses lèvres.

— Je suis inexorable, répondit la baronne, partez!

Lorsque madame de Willermez fut seule, elle se laissa aller dans sa chauffeuse :

— Que faire? murmura-t-elle, que faire?

Or, tandis qu'avec sa rapidité de conception, elle bâtissait et renversait dix plans en quelques minutes, M. de Maucroix arriva.

— Mon cher, lui dit-elle avec beaucoup de calme, si le préfet de police ne vous a point accordé ce que vous avez dû lui demander aujourd'hui, je vous engage à renoncer sur-le-champ à l'héritage de madame de Kerbrie.

— Que dites-vous? balbutia le comte avec effroi.

— Je dis que cet atôme, dont je vous parlais hier, a grandi d'un jet, qu'il est devenu géant, qu'il a soufflé déjà sur nos combinaisons, retrouvé le fils de ses maîtres et qu'il vous invitera à le reconnaître demain, si d'ici à demain cet homme n'est point supprimé d'une manière quelconque.

— Mais, fit le comte avec l'accent de la désolation, le préfet de police m'a refusé...

— Eh bien! prenons-en notre parti, dit-elle avec un admirable sang-froid. Vous êtes un niais pétri de suffisance ; vous n'avez ni crédit, ni imagination.

Le comte se jeta dans un voltaire et se prit à souffler bruyamment. Madame de Willermez le laissa souffler, et, sans lui mot dire, réfléchit pendant dix minutes :

— Écoutez, dit-elle impérieusement ; à défaut d'autre mérite, vous avez au moins celui de posséder d'excellents chevaux. Remontez en voiture ; crevez-les, s'il le faut, mais ramenez-moi dans un quart d'heure le baron Karnieuc.

Le comte redescendit et prit place dans son coupé qui s'éloigna avec la rapidité d'une flèche. Aussitôt madame de Willermez écrivit deux lignes à la hâte, et, les remettant à un laquais :

— Sur l'heure, Petite-Rue-du-Bac, allez !

Puis elle se dit tout bas :

— Rien n'est désespéré, et ce niais de Gaston n'est point encore monsieur le baron de Kerbrie !

Alors le sourire reparut sur ses lèvres, son front se rasséréna et elle rentra calme et belle dans son boudoir.

Mais, si calme qu'elle fût, elle n'aperçut point cependant le vieux nègre époussetant les fauteuils du salon, dardant sur elle son œil infernal et répétant son bizarre refrain :

> L'une est blanche,
> L'autre est brune,
> Celle-ci ressemble à la lune,
> Celle-là ressemble à la nuit.
> Mais toutes deux ont mis au monde
> Une belle enfant brune et blonde...
> La plus belle vient de la nuit.

Les dents de Pluton.

XI.

Le soir du même jour, vers onze heures environ, le boulevard des Filles-du-Calvaire était désert ; les rares réverbères que la municipalité suspendait à une corde pour éclairer Paris n'éclairaient rien du tout en cet endroit et vacillaient au souffle brutal du vent de nuit. Le ciel était sombre et nuageux, l'atmosphère lourde et l'orage prochain; les arbres du boulevard craquaient avec un bruit lugubre; — les chiens déchaînés dans les chantiers de bois environnants hurlaient de concert : — les bourgeois paisibles du Marais, les ouvriers las de leur journée, se tenaient coi chez eux; — bref, c'était la nuit aimée entre toutes des voleurs et des amants.

Au premier étage de la maison entrevue par nos lecteurs dans l'un des précédents chapitres de ce récit, le vieux Pelao dormait profondément de ce sommeil de plomb qui suit d'ordinaire les crises nerveuses et servait de corollaire à tous ses accès de catalepsie.

La petite Aïcha, la tête renversée sur

son oreiller blanc, les épaules inondées des flots d'ébène de sa chevelure en désordre, faisait sans doute un de ces rêves enchantés comme en ont seuls les enfants, et voyait à travers les nuages du sommeil un palais enchanté tout resplendissant d'or, de cristal et de sucreries; paradis vanté par ses pères les Arabes au milieu d'une nuit étoilée de l'Atlas, à l'entour du brasier commun de la tribu.

Pluton, le bel épagneul au manteau noir, sommeillait au pied du berceau de l'enfant; mais son sommeil était aussi léger que celui du vieillard était lourd; et il était tout prêt, le vaillant et le fidèle, à bondir sur ses pieds, l'œil sanglant et la gueule ouverte, pour défendre le toit de son maître.

Tout-à-coup, entre deux raffales du vent, un bruit léger se fit entendre au dehors; c'était comme un chuchotement de voix presque imperceptible, et il eût fallu tendre le cou et coller son oreille aux contrevents de la chambre pour entendre le colloque suivant :

— Pose donc l'échelle, imbécille.

— C'est que... c'est que... je ne vois pas bien.

— T'as donc la berlue?

— Non, mais... mais...

— Je vas te dire ce qui te tarabuste, mon bonhomme, et t'empêche de voir clair... t'as peur!

— Peur? moi, oh! c'te bêtise. C'est vrai que nous jouons un drôle de jeu, tout d'même...

— Bah! il y a un billet de mille au bout.

— Et les galères avec.

— Qu'est-ce que ça me fait? J'y suis

allé trois fois déjà. Le tout est de s'y faire...

— Oui, mais, moi, je n'y suis jamais allé...

— T'as peur, Théo, mon bonhomme! tu caponnes...

— Jamais, vieux...

— Dame! ça me fait cet effet-là; car t'as des idées baroques à l'endroit du bagne... Tu peux pas te figurer ce que c'est, vois-tu. Quand on y est, on a toujours envie d'en sortir; mais on n'est pas plutôt dehors qu'on le regrette.

— Merci! je n'y tiens pas...

— Eh bien! sais-tu ce qu'il faut faire?

— Voyons!

— Je vais faire le coup tout seul et j'aurai les deux mille balles...

— Ah! mais non...

— Alors pourquoi que tu fais ta tête et

que t'as l'air dégoûté comme un clerc de notaire?

— Je ne fais pas ma tête du tout, seulement je dis que nous risquons lourd.

— Qui ne risque rien n'a rien... c'est la chance!

— C'est juste!

— Eh bien! applique ton échelle et à l'œuvre! Je voudrais avoir déjà la petite...

— Je préfère les mille balles. Tiens, l'échelle est en place, monte.

— Non pas, monte toi-même. Chacun sa besogne. Je tiendrai l'échelle.

— T'es fin, dit celui qu'on avait nommé Théo, mais je le suis autant que toi, je ne monterai pas.

— Alors, si c'est moi qui monte, j'aurai les deux mille balles.

— Non pas.

— Eh bien! veux-tu être d'accord,

montons, tous les deux; ou bien, tiens, je suis bon enfant : comme j'ai l'habitude de faire le coup, je le ferai tout seul et tu me donneras un billet de deux cents sur ta part.

Il y eut un moment d'hésitation, puis Théo répondit :

— Ça va, monte.

— C'est bon, j'y vas. Mais loge bien ceci dans ta cervelle : si la *rousse* arrive et que tu t'*esbignes*, je te trouverai un jour ou l'autre et je te ferai ton compte.

— N'aie pas peur, je suis bon enfant.

Il s'écoula deux secondes, puis une ombre se dessina en dehors de la croisée ; un volet crocheté tourna sourdement sur ses gonds et un rayon blafard du réverbère voisin alla s'égarer dans la chambre où dormait la petite Aïcha.

Puis un bruit sec, celui d'un diamant

coupant un carreau, résonna mat et rapide, la fenêtre s'ouvrit brusquement, et l'ombre enjamba la croisée.

Que faisait donc Pluton à pareille heure ?

Pluton avait parfaitement entendu ; mais en chien de race, et qui sent sa force, il avait dédaigné les jappements glappissants du roquet effrayé, lequel cherche à se griser sur sa peur en faisant grand tapage ; l'intelligent animal s'était levé sans bruit, puis, acculé en un coin, à côté du berceau, il aiguisait sourdement ses dents de fer.

L'homme qui avait enjambé la croisée, — car c'était un homme de chair et d'os et non point une ombre, — hésita une seconde, jeta un furtif regard devant lui, et frissonna en voyant briller deux charbons ardents et fixes comme les yeux du diable au milieu des ténèbres qui enveloppaient la chambre ; mais, ainsi qu'il avait pris soin de nous l'apprendre, c'était un forçat en rupture de banc, et il ne s'effrayait pas pour si peu.

Cette permière terreur de l'inconnu passée, il s'avança bravement vers le lit dont il entrevoyait la courtine blanche, étendit les mains et toucha la figure tiède et les cheveux en moiteur de l'enfant...

Mais en même temps les deux charbons changèrent de place, Pluton bondit, et le bandit poussa une sorte de râlement sourd, étranglé qu'il était par une mâchoire d'acier.

Alors, au milieu de l'obscurité, une lutte terrible s'engagea entre l'homme et le chien : tous deux muets, tous deux féroces et implacables.

Le forçat eut assez de sang-froid pour

ouvrir un couteau et labourer le ventre du chien, le chien, le stoïque courage de ne point lâcher prise...

Et l'un étranglé, l'autre mourant, au bout d'une minute, roulèrent lourdement sur le sol et se couchèrent côte à côte, comme ces gladiateurs antiques qui s'affaissaient lentement sur le sable de l'arène en murmurant ces atroces paroles :

Ave, Cæsar imperator, morituri te salutant !

L'homme qui était resté en bas de l'échelle attendit quelques minutes, espérant voir repaître son complice, l'enfant dans ses bras. Mais les minutes s'écoulèrent et tout demeura silencieux à l'intérieur de la maison.

Pourtant, aucun bruit ne s'était fait entendre, et il était difficile de penser qu'il y avait eu lutte et résistance. Alors, en digne coquin qu'il était, le pusillanime citoyen qui avait hésité à se charger de la besogne pensa que son complice était occupé à faire main-basse sur les quelques valeurs que pouvait renfermer la maison, et dès ce moment il n'hésita plus à gravir l'échelle pour aller recueillir sa part de cette nocturne succession. Arrivé sur la fenêtre, il s'y établit à califourchon, et, comme l'autre, interrogea du regard et de l'ouïe les profondeurs mystérieuses de la chambre ; puis, n'entendant et ne voyant rien, car les yeux enflammés de l'héroïque Pluton s'étaient éteints, il appela à demi-voix :

— Hé ! l'Orfraie ?

L'Orfraie était le nom de guerre que ces messieurs du bagne avaient donné jadis à l'infortunée victime de l'épagneul,

L'Orfraie ne répondit point.

Alors, comme les misérables les plus peureux ont une heure de courage en leur vie, le citoyen Théo, pour qui cette heure sonnait sans doute, sauta résolument dans la chambre, chercha à s'orienter et, trouvant par hasard une boite d'allumettes, frotta l'une d'elles contre le mur, puis à sa lueur éphémère, inspecta le lieu où il se trouvait...

A la vue du chien, il recula de frayeur; mais sa terreur augmenta quand il aperçut le forçat qui se tordait dans les convulsions dernières de l'agonie. Cependant, comme il comprit à merveille la scène qui venait d'avoir lieu, sa panique disparut.

Alors il lui vint une idée singulière, — une de ces idées neuves et délicates comme en peut seul avoir un coquin civilisé qui n'est jamais allé s'abrutir et s'alourdir la main en province.

— L'Orfraie en a encore pour une heure ou deux au moins, se dit-il, et d'ici là si on venait... et qu'il eût la force de parler... il pourrait bien me vendre... Et puis encore, qui sait? s'il allait en réchapper... il faudrait partager les deux mille balles... J'ai bonne envie de l'achever! Pauvre diable! sa mort sera plus douce...

Et il se baissa, ramassa le couteau du forçat qui gisait sanglant près du chien, et l'assura dans sa main droite; mais la flamme de l'allumette qu'il tenait dans la gauche arriva soudain à ses doigts, le brûla vigoureusement et lui arracha un cri, en même temps que le couteau lui échappait et tombait bruyamment sur le parquet. Cette fois le citoyen Théo eut réellement peur... Il ne songea plus à adoucir les derniers moments de son ami, mais bien à se sauver. Cependant, comme il fallait emporter l'enfant, il eut le courage d'enflammer une seconde allumette, et, tandis qu'à sa clarté il cherchait le berceau, il aperçut dans un coin le portrait du chevalier de Kerbrie que Bernard avait, le matin, tiré de l'armoire.

— Bon, dit-il, puisque je n'ai pas le temps d'achever l'Orfraie, je vais toujours emporter ça. C'est meublant.

Et, d'une main, il roula l'enfant endormie dans sa courtine blanche, prit le portrait de l'autre et se sauva par la croisée comme il était venu.

— J'aurai les deux mille balles tout seul, se dit-il. Joli magot !

Bernard.

XII.

En quittant le jeune poète, Bernard avait repris le chemin de sa maison, arpentant le trottoir des rues avec une agilité sans pareille. Et certes, ceux qui le voyaient passer avaient parfaitement le droit de se dire :

— Voilà un homme qui vient d'hériter d'un oncle millionnaire et bien élevé, ou qui court demander au docteur Blanche un logis parmi ses pensionnaires; car il fallait être fou ou héritier d'une fortune fabuleuse pour ressembler, en ce moment-là, au brave et loyal sous-officier de spahis.

Il cheminait fièrement le sourire aux lèvres, parlant tout seul et prêt à embrasser les passants, tant sa joie était grande. Et comme il frisait le bout de sa moustache avec des façons orgueilleuses, comme il prenait en pitié les heureux de ce monde qui s'en allaient en voiture et jetaient au nez des piétons l'insolente fumée de leur cigare!

Mais soudain, en croisant un fiacre, sa

gaîté tomba comme par enchantement, ses manières de capitaine Fracasse disparurent... il s'arrêta, poussa un cri sourd et porta la main à son cœur, comme s'il en eût voulu arracher un fer brûlant et invisible...

Dans ce fiacre, qui gravissait le faubourg Montmartre, se prélassait une grosse mère à la figure épanouie et dont nous pourrions bien daguerréotyper les traits, si nos lecteurs ne l'avaient déjà vue à l'hôtel de Willermez et ne la connaissaient sous le nom de madame Théophraste Carnaud.

— Fleur-des-Genêts... murmura-t-il.

Pauvre noble cœur ! il y avait vingt ans qu'il ne l'avait vue ; — vingt ans ! c'est-à-dire que dans ces vingt années la jeune fille à l'œil éveillé, au rire frais et mutin, aux formes gracieuses, — la belle jeune fille dont la voix faisait rire et pleurer, trembler et tressaillir de joie le naïf adolescent, cette jeune fille était devenue une bonne et énorme mère, aux traits empâtés, à la démarche lourde, à l'œil parfois frangé de pourpre, portant de fausses nattes sous son chapeau et ayant eu des relations intimes avec les docteurs Fattet et Williams Rogers.

La métamorphose était opérée : ce n'était point la chrysalide devenue papillon, mais le papillon devenu chrysalide !

Et pourtant il l'avait reconnue !

Quant à madame Théophraste Carnaud, elle aperçut bien un grand et beau garçon au nez aquilin, à l'œil fier, à la moustache noire et au teint basané, — un homme qui, sous le vulgaire costume parisien, conservait la fière et noble simplicité du soldat ; — mais elle y prit garde à peine et continua son chemin.

Bernard fut longtemps à se remettre de son indicible émotion : tout un monde de souvenirs passa comme un tourbillon dans sa tête et lui montra le passé brumeux enveloppé de ses riantes illusions de jeune homme,—lui redisant ses rêveries nocturnes de la lande, son amour pour les vagues de l'Océan déferlant sur les grèves avec un bruit monotone, et les veillées bavardes de la cuisine de Kerbrie, et la ballade du jeune duc Arthur, que son père chantait sur les toits... et la chanson rieuse de Fleur-des-Genêts, et les sanglots de la vieille baronne pleurant son fils absent durant ses longues insomnies...

A cette dernière pensée, Bernard revint à lui-même ; l'immense joie qui chantait naguère au fond de son cœur se réveilla vivace ; — l'image de Fleur-des-Genêts, qui était venue lui parler de sa jeunesse étiolé et flétrie, s'enfuit, — et le noble cœur s'écria :

— Kerbrie ! Kerbrie ! j'ai retrouvé le fils de mes bons maîtres, qui ne m'ont jamais mesuré leur cidre et qui me taillaient leur pain à ma faim !

Et alors il reprit sa course, et en vingt minutes il arriva à la porte de sa maison.

— Mon père ! cria-t-il en arrivant, je l'ai vu ! vous m'aviez dit vrai.

Mais le vieux Jean, dont l'accès était passé, le regarda d'un air hébété et demanda :

— Qui donc as-tu vu ?

— Le fils de Kerbrie !

— Ah ! fit insoucieusement le vieillard.

Et il retomba dans sans prostration habituelle.

— Pauvre père ! murmura Bernard en allant baisser au front la petite Aïcha, qui gazouillait à moitié nue sur le parquet et caressait Pluton, lequel s'était, en arrivant, couché auprès d'elle et léchait ses pieds mignons.

Bernard ouvrit une armoire, en tira un cadre soigneusement voilé, en déchira l'enveloppe, et mit à découvert un portrait enfumé de gentilhomme du dernier siècle, portant l'habit rouge des mousquetaires. Ce portrait ressemblait à s'y méprendre au jeune homme que nous avons appelé Gaston dans les pages qui précèdent. C'était bien cette pâleur mate, ces grands yeux noirs intelligents et mélancoliques, ces fines moustaches brunes et ces cheveux bouclés... La cicatrice manquait seule à la tempe gauche.

— Oh ! dit Bernard, en le contemplant avec admiration, c'est lui !

Et laissant le portrait sur une chaise, auprès du berceau, il retourna à son atelier.

Le patron de l'atelier était une de nos vieilles connaissances, — car on n'a point oublié, sans doute, le digne et obtus sommelier du manoir de Kerbrie, Claude Perrussin, qui lampait le cidre à même le pichet, mangeait des *grous* à pleines mains et se croyait obligé d'approuver d'un hochement de tête chaque parole de l'intendant Karnieuc. Avec les deux mille livres de rentes dont il avait hérité, Perrussin était venu à Paris ; là, il avait marié sa fille à un menuisier intelligent qui avait eu l'heureuse idée de faire de la sculpture sur bois.

Une idée pareille ne fût jamais tombée

dans la cervelle étroite de maître Perrussin ; mais il arriva que son gendre mourut, alors que son atelier était déjà en voie de prospérité, et Perrussin géra tant bien que mal la maison, à l'aide d'un contre-maître.

Bernard trouva l'ex-sommelier à la porte même de l'atelier. L'excellent Breton avait conservé de son ancienne profession une coutume pieuse : il ne faisait jamais un pas sans une énorme bouteille dont le goulot sortait de l'immense poche de son paletot. Seulement, ce n'était plus du cidre bénin qu'il buvait, mais du vieux et bon vin, corbleu ! et qui reniait bien haut toute parenté avec les crus bâtards de Suresnes et d'Argenteuil.

Perrussin essuyait ses grosses lèvres quand son ouvrier l'aborda.

— Mon garçon, lui dit-il avec un rire

épais, est-ce que tu flânes aujourd'hui?

— Moi ? fit Bernard, pas du tout.

— C'est qu'il y a bien trois heures que tu es parti...

— Eh bien! dit Bernard froidement : c'est que j'avais affaire.

— Les affaires, grommela Perrussin, ne font pas le travail...

— Ah çà, patron, fit Bernard en fronçant le sourcil, je ne suis pas à la journée, mais bien à mes pièces, et je ne vois pas trop ce que vous avez à dire...

— Allons, gars, ne te fâche pas, dit le gros homme d'un ton paterne ; mais c'est vexant tout de même que tu aies perdu une partie de ta journée, car j'ai un travail que seul tu peux faire, tant il faut le soigner, et je l'ai promis pour demain matin.

— Qu'est-ce que c'est ?

— Tiens, dit Perrussin en rentrant dans l'atelier, on vient de le dessiner, c'est un écusson pour mettre sur un bahut en le rapportant à une corniche.

— Bernard examina le dessin :

— C'est long, dit-il, et il faudrait passer la nuit...

— Tu la passeras, mon garçon, car je l'ai promis, et puis c'est une bonne paie, va...

— Pour qui est-ce donc ?

— Pour quelqu'un que nous connaissons, toi et moi, mais qui est diablement plus *calé* que nous.

— Et qui, s'il vous plaît ?

— C'est monsieur le baron Karnieuc.

— Ah ! fit dédaigneusement Bernard, il est donc baron, maintenant ?

— Oui, mon gars.

Bernard haussa les épaules.

— Ça me fait suer, murmura-t-il, de voir le fils de Kerbrie loger au quatrième, et son intendant avoir équipage et se faire appeler *môssieu le baron*.

— Qu'est-ce que tu dis donc? demanda Perrussin.

— Rien, répondit Bernard en se mettant à l'œuvre.

Il n'alla point souper chez lui et travailla jusqu'à ce qu'il eût fini. Alors il quitta son tablier et son bourgeron, reprit sa redingote et alla se coucher.

Il était trois heures du matin. Comme on n'était encore qu'à la fin d'avril, il était nuit complète et il pleuvait à verse.

Bernard ouvrit sa porte au passe-partout monta l'escalier sans lumière, traversa sur la pointe du pied la chambre de son père, entra dans la sienne, se dirigea vers le berceau d'Aïcha pour l'embrasser et jeta un cri terrible... le berceau était vide !

— Aïcha ? Aïcha ? cria-t-il.

Aïcha ne répondit point.

— Pluton ! appela-t-il de nouveau.

Rien ne bougea, mais il entendit comme un gémissement plaintif.

— Qu'est-ce ? demanda le vieux Pelao éveillé en sursaut.

— Mon père ? s'écria Bernard d'une voix terrible, mon père ? qu'avez-vous fait de l'enfant ?

— L'enfant ? dit le vieillard étonné, eh bien ! mais elle dort...

— Son berceau est vide !

— Tu es fou.

— C'est vous qui êtes fou ou maudit, mon père. Oh ! misère !

Et cette fois Bernard alluma une lampe, rentra frémissant dans la chambre d'Aïcha, et demeura cloué sur le seuil, les cheveux hérissés, et sans voix.

La fenêtre était ouverte, le lit était vide, Pluton s'était traîné auprès et, tout sanglant, l'œil mourant, léchait ses blessures.

Quant à l'Orfraie, il vivait pareillement, il était même parvenu à s'adosser au mur, et là, assis sur son séant, il roulait de grands yeux rouges et hagards, portant avec un geste de douleur les mains à son cou brisé.

Bernard vit le chien, le couteau rougi, le misérable portant à la gorge les empreintes terrible des dents de Pluton : il devina la lutte et put croire un moment qu'Aïcha était blottie en quelque coin, muette de terreur ; — mais Aïcha n'y était pas !

Il courut à la fenêtre, aperçut l'échelle et comprit tout...

Alors cet homme hagard et éperdu naguère, fut pris d'un sang-froid féroce; il souleva le bandit dans ses bras, l'assit sur une chaise, s'arma du couteau ensanglanté, le lui appuya sur la poitrine et lui dit :

— Qu'as-tu fait de mon enfant ? Parle ou je te tue !

L'Orfaie fit un effort surhumain, mais aucune parole ne sortit de ses lèvres; il avait la gorge broyée.

— Parle ! s'écria Bernard d'une voix tonnante en poussant le couteau.

D'un geste désespéré, l'Orfraie indiqua un pot à eau et demanda à boire.

— Bois et parle, fit Bernard en lui donnant le pot.

L'Orfraie but à longs traits, puis essaya de parler.

— C'est lui... murmura-t-il.

— Qui, lui ?

—Théo... Théophras... Théophraste...

—Après? fit Bernard en enfonçant toujours le couteau.

— Il l'a emportée?

— Où?

— Je ne sais pas. Chez la dame peut-être...

— Quelle dame?

Et à chaque interrogation, la chair frémissait sous le couteau.

— La dame qui nous a payés...

— Comment se nomme-t-elle?

— Madame de Wil... de Wil...

Le bandit fit un dernier effort, Bernard enfonça encore le couteau d'un cran; mais aucune parole ne put se faire jour à travers la gorge enflammée de l'Orfraie; il roula ses grands yeux égarés et sanglants pendant une minute, poussa un râle étouffé et s'affaissa sur lui-même.

Bernard jeta un cri de hyène : le misérable était mort emportant son secret.

Alors, à l'énergie terrible qu'il venait de déployer, succéda chez Bernard un accablement impossible à décrire, et le rude soldat tomba sur le sol les yeux pleins de larmes et appelant avec des sanglots déchirants :

— Ma fille ! ma fille !...

Pornic.

XIII.

Vous souvient-il, ami lecteur, de ce gros rustre au visage épais et loyal qui, un soir de l'année 1820, tandis qu'on mangeait des *grous* dans la cuisine du château de Kerbrie, — juste le soir où madame la baronne de Kerbrie était sur le point de *passer dans l'autre*, — et comme on frappait à la grand'porte, émit le judicieux avis que ce pouvait bien être la mort en personne qui grelottait à l'huis de la centenaire et demandait l'hospitalité?

Ce gros rustre se trouve tout naturellement sous notre main et joue un bout de rôle dans notre histoire.

Le gars Pornic avait alors vingt ans de plus, mais bien fin aurait été celui qui eût pu s'apercevoir que le passage de ces vingt années avait ridé son front et laissé trace de maturité sur sa bonne tête bretonne. C'étaient bien toujours les mêmes cheveux blond-filasse assez semblables à de la laine de Bayonne, face rebondie et rougeaude, œil rond et gris, épaules herculéennes, cou raccourci et musculeux, jambes torses et mains écrasées; même sourire homérique, glissant éternellement sur ses lèvres épaisses, qu'il fût joyeux ou triste, confiant ou effrayé. Nous prions nos lecteurs de ne point supposer cependant que Pornic fût un garçon peureux ; — nenni, point ! Mais il avait conservé précieusement dans son étroite cervelle les traditions mystérieuses des fées de la lande, et quand il se souvenait par hasard des sorciers qui dansaient au clair de lune dans le cimetière de Quimper, ses cheveux se hérissaient, et il riait de terreur.

De rides, pas une !... Les seules différences notables que l'âge eût apportées dans l'extérieur de Pornic, c'étaient ses sabots de hêtre qu'il avait remplacés par des bottes ; — et ses magnifiques cheveux incolores qui pendaient jadis en mèches plates sur ses épaules, et que, maintenant, par coquetterie, ma foi ! il portait en superbe broussaille.

Pornic était menuisier dans l'atelier où Bernard travaillait comme sculpteur, après avoir été soldat dans le régiment où celui-ci était maréchal-des-logis.

Bernard occupait le premier étage, Pornic s'était fait un trou sous les toits de la même maison et fumait sa pipe chaque matin à la fenêtre en guillotine de sa mansarde. Or, dès quatre heures, en vrai Breton qu'il était, Pornic sautait à bas de son lit de sangle, allumait sa bouffarde et comptait mélancoliquement les tuyaux de poêle et les cheminées qu'embrassait au loin son regard. Puis sa bouffarde éteinte, il mettait ses bottes, — toujours avec un léger sentiment d'orgueil, — inclinait crânement sa casquette sur l'oreille, en homme qui sent sa valeur réelle, et descendait.

En passant, il éveillait Bernard, puis tous deux allaient travailler.

Ce jour-là, Pornic cogna comme à l'ordinaire à la porte de Pelao; mais contre l'ordinaire, Bernard ne vint point lui ouvrir.

— Tiens, se dit Pornic, il a le sommeil bien dur, ce matin, mon brigadier.

Et comme la clé était restée sur la porte, il entra sans façon, traversa sur la pointe de ses bottes la chambre du vieux Jean et s'arrêta stupéfait sur le seuil de celle de Bernard...

Bernard était évanoui aux pieds du forçat mort; et Pluton, tout sanglant qu'il était, tout près de la mort qu'il pût être, Pluton était couché sur son maître et léchait tristement son visage baigné de larmes et ses mains crispées. Noble chien !

Pornic ne se demanda point tout ce que cela signifiait ; il se contenta de prendre Bernard à bras le corps, de le porter sur son lit et de lui jeter de l'eau au visage.

La fraîcheur de l'eau fit ouvrir les yeux à Bernard : il reconnut Pornic, se souvint de tout, lui raconta tout ; et comme l'énergie n'était jamais longtemps absente chez une nature aussi fortement trempée que la sienne, il eut bientôt retrouvé tout son sang-froid.

— Pornic, dit-il alors, il faut que nous retrouvions ma fille.

— Pardi, monsieur Bernard, je crois ben.

Depuis que Bernard avait été le supérieur de Pornic, Pornic n'avait jamais pu se décider à le traiter d'égal à égal : il l'appelait *monsieur*.

— Tu vas remonter chez toi, prendre tes pistolets et mettre ta redingote. Je t'attends pour partir.

Pornic se gratta l'oreille :

— Dame ! monsieur Bernard, fit-il, ce n'est pas pour vous manquer de respect en ayant celui de vous donner un conseil, mais il me semble, pour le quart-d'heure, que Paris est grand comme le désert des Arabes, et qu'avec nos pistolets, quand bien même nous aurions encore, vous Ibrahim et moi Bebelle, ma bonne jument, ce ne serait guère le moyen de mettre la main sur la petite, au préalable d'avoir touché deux mots de l'affaire au commissaire de police.

— Tu as raison, dit Bernard avec soumission.

— Et sans compter que ce particulier qui est là me fait l'effet d'avoir quelque chose à faire chez le commissaire, et que par son moyen...

— Eh bien ! cours chercher le commissaire...

— Dame ! reprit Pornic, il n'est pas levé si matin.

— C'est égal, il se lèvera.

— Ça, c'est juste.

Et Pornic se dirigea vers la porte ; mais sur le seuil il se retourna.

— C'est pas une raison, monsieur Bernard, parce que la petite est perdue, pour laisser crever votre pauvre chien...

Ce reproche alla droit au cœur de Bernard.

— Il a raison, murmura-t-il, je ne dois pas laisser mourir le pauvre et brave animal qui a versé son sang pour défendre Aïcha.

Il ouvrit une armoire, en tira un

flacon rempli de tiges de lis infusées dans l'esprit de vin, versa une partie de son contenu dans les plaies de Pluton, les banda soigneusement, et le prenant dans ses bras, il le posa doucement sur son lit.

Alors le pauvre chien attacha son œil reconnaissant sur son maître, tourna ce même œil vers le berceau vide, le reporta ensuite sur Bernard, et sembla lui dire :

— Ne vous occupez plus de moi, cherchez-la.

Quand le chien fut pansé, Bernard à qui le désespoir n'enlevait pas la mémoire, songea soudain au fils de Kerbrie et, machinalement, il chercha des yeux le portrait qu'il avait atteint la veille et sorti de l'armoire ; mais le portrait, nos lecteurs le savent, avait disparu.

Il fouilla et refouilla les coins et recoins de la maison, interrogea son père... Pas de portrait !

— Les misérables me l'auront volé, se dit-il. Oh ! c'est trop en un jour...

Et il retomba anéanti sur une chaise.

Pornic revint au bout d'une demi-heure, suivi d'un commissaire de police et de deux agents. Le commissaire fit une enquête minutieuse, coucha chaque clou de la porte et chaque solive du plafond sur son procès-verbal, regretta de ne pouvoir interroger le chien et le forçat, confisqua l'échelle et le couteau comme pièces de conviction, et finit par arrêter provisoirement Bernard.

La justice appelle ces formalités-là *informer*.

Quant à l'Orfraie, on le transporta sur un brancard à la Morgue, où son ami

Théo, bien qu'il sût que le malheureux n'avait à Paris aucun parent, se garda bien de venir le réclamer.

Bernard suivit bon gré mal gré le commissaire de police, rongeant sa moustache de colère de douleur. Le commissaire crut de son devoir, et jusqu'à plus ample information des faits, de l'envoyer à la préfecture où le pauvre diable fut interrogé par un juge d'instruction.

Le juge d'instruction lui fit subir un second interrogatoire, qui dura environ quatre heures. — une misère ! — et finit par conclure, non sans avoir compté au préalable les clous et les solives du rapport du commissaire, que rien ne prouvait que le prévenu Bernard Pelao fût coupable ou simplement complice de l'assassinat du forçat évadé surnommé l'*Orfraie*, et de l'enlèvement d'Aïcha Pelao, fille mineure;

— en conséquence de quoi il n'y avait lieu à suivre, et ordonnait que ledit Bernard Pelao fût mis en liberté s'il n'était détenu pour autre cause.

— Mais mon enfant? s'écria Bernard, vous ne me rendez pas mon enfant!

— Ceci, fit imperturbablement le juge d'instruction, demande un temps fort long, vu l'insuffisance de nos moyens; mais si l'enfant n'est pas sorti de Paris, on pourrait fort bien d'ici à quinze jours...

Bernard n'en voulut point entendre davantage, et il sortit comme un fou, ivre de rage et de douleur.

Le commissaire était arrivé sur le *lieu du crime* à sept heures du matin. L'enquête avait duré deux heures et demie, la rédaction du procès-verbal une heure; Bernard était resté trois heures au bureau du commissaire, quatre heures au dépôt de la préfecture et quatre dans le cabinet du juge d'instruction : total, quatorze heures et demie.

Il était donc près de dix heures lorsque le malheureux rentra chez lui exténué de besoin, fou de désespoir et ne sachant quel parti prendre.

Pornic, sur qui le commissaire n'avait pas jugé qu'il pesât des charges assez fortes, et qu'on avait laissé libre, était resté auprès du vieux Pelao.

Lorsque Bernard entra, il trouva le pauvre Pornic excessivement embarrassé : le vieux Pelao était dans un de ses fréquents accès de catalepsie.

— Dame ! monsieur Bernard, fit-il, je ne savons pas ce qu'il faut faire, mais l'ancien jacasse tout plein touchant la petite, et même qu'il m'a demandé une robe d'elle et que moi, ne trouvant pas la robe, je lui ai donné un de ses souliers. Et dame! tenez le v'là qui le flaire, qui le tourne et le retourne...

Un éclair de joie illumina le sombre visage de Bernard :

— C'est une permission de Dieu, dit-il.

Et il s'approcha du vieillard :

— Père?... fit-il tout bas.

— Ah! c'est toi, Bernard...

— Oui, père...

— Gars, j'ai vu la petite.

— Vous l'avez vue, père ?

— Oui.

— Et où ?

— Atttends, dit le visionnaire en réfléchissant, il fait nuit, la nuit j'y vois mieux. Si tu veux venir avec moi, je te conduirai.

— Pornic, cria Bernard, va chercher un fiacre.

Pornic pendit ses jambes à son cou et revint peu après, disant :

— La voiture est en bas.

— Venez, mon père, dit Bernard.

Mais comme ils étaient sur le seuil déjà, un hurlement plaintif se fit entendre : c'était Pluton qui semblait deviner où ils allaient et qui, tout meurtri et saignant qu'il fût encore, — bien que le remède employé le matin par Bernard eût produit déjà d'excellents résultats, — demandait à être emmené.

Bernard hésita un moment; puis, conseillé sans doute par cet instinct secret que nous croyons venir du hasard et qui n'est qu'une des voix mystérieuses de la Providence, — il prit le chien dans ses bras, l'emporta et le coucha sur les coussins du fiacre où Pornic et le vieux Jean étaient déjà installés.

—Il faut passer l'eau, dit Jean Pelao, et puis aller tout droit... et puis... je verrai!

FIN DU PREMIER VOLUME.

Coulommiers. — Imprimerie de A. Moussin.

A LA MÊME LIBRAIRIE, EN VENTE.

NOUVEAUTÉS :

GENEVIÈVE GALLIOT,
Par Xavier de Montépin,

Est une histoire fraîche et naïve comme un tableau de Greuze qui en est un des héros, et, en même temps, aussi saisissante et pleine d'émotion que le plus étrange et le plus accidenté de tous les drames.

D'ici à peu de temps, la figure de la douce et charmante *Geneviève Galliot* deviendra l'un de ces types que chacun a connu, que chacun a aimé. — On se souviendra de *Geneviève Galliot* comme on se souvient de la *Virginie* de Bernardin de Saint-Pierre, de l'*Atala* de Châteaubriant ;

Ouvrage complet et inédit, 2 vol. in-8°.

HÉVA, LA FLORIDE ET LA GUERRE DU NIZAM,
Par MÉRY. — 3 volumes in-18 anglais, 7 fr. 50 c.

LA BARONNE TRÉPASSÉE,
Par le vicomte PONSON DU TERRAIL. — 3 volumes in-8.

LES VIVEURS DE PARIS,
Par XAVIER DE MONTÉPIN, ouvrage inédit ;

1re PARTIE : **Un Roi de la Mode**............ 3 vol. in-8.
2e PARTIE : **Le Club des Hirondelles**...... 4 vol. in-8.

Ouvrages de M. le baron de Bazancourt :

Georges le Montagnard........................... 3 vol. in-8.
Les Ailes d'un Ange............................. 2 vol. in-8.
Noblesse oblige................................. 2 vol. in-8.
Le comte de Rienny.............................. 2 vol. in-8.

Ouvrages de M. Emmanuel Gonzalès :

Ésaü le Lépreux................................. 3 vol. in-8.
Les deux Favorites.............................. 3 vol. in-8.
Le Vengeur du Mari.............................. 3 vol. in-8.

REVUE DES VOYAGES
à 6 francs par an.

Paris, imp. de Paul Dupont, rue de Grenelle-St-Honoré, 45.

www.ingramcontent.com/pod-product-compliance
Lightning Source LLC
Chambersburg PA
CBHW072006150426
43194CB00008B/1012